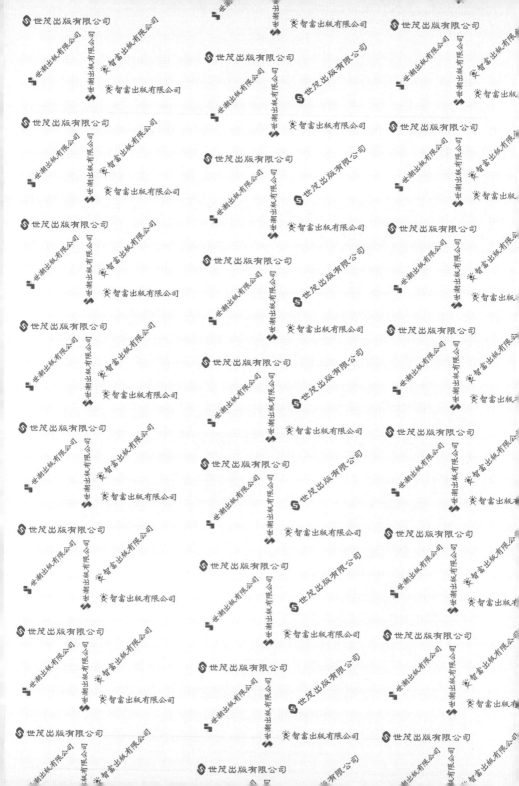

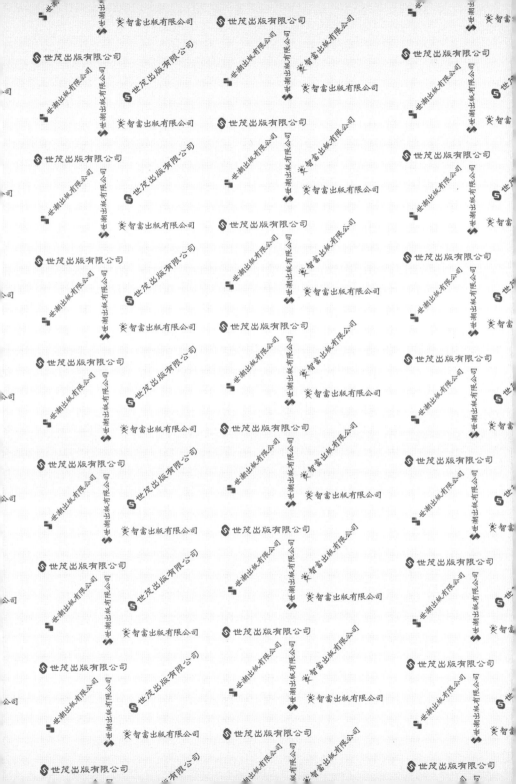

女神說話課

元銀座No.1ホステスの心理カウンセラーが教える
彼の心を動かす「話し方」

展現自我價值
讓你大受歡迎的
溝通技巧

【愛藏版】

水希——著
江宓蓁——譯

※本書原名《銀座NO.1女公關的獵男說話術：想追就跑不掉、想戀就愛得到》，現易名為《女神說話課：展現自我價值，讓你大受歡迎的溝通技巧》【愛藏版】

前言
——妳的戀情一直不順遂的真正原因

請妳放棄所有「試圖被愛的努力」吧。

這就是讓妳擺脫「無趣女人」標籤的最佳解答。

相信妳一定以為這本書裡寫的是如何才能被他所愛的種種方法，所以才會拿起來翻閱的吧？

實際上，本書中並沒有寫出任何一種被愛的技術。不過要是妳能好好讀到最後，妳就一定可以成為「被他所愛的特別女人」。

「如果我可以更勇敢地表達自己的心意，說不定就可以和他在一起了。」

「如果我可以坦率地向他敞開心扉，說不定他就會愛我了。」

「因為不想被討厭而拼命示好，卻被認定為『無趣的女人』，最後被甩了。」

……諸如此類。妳再也不需要在戀情結束之後，或是在約會之後召開自我反省會了。

因為很重要，所以讓我再強調一次。

請把妳至今為了「被愛」所學到的各種知識和技術，全部捨棄。

舉凡將視線由下往上瞅著他、噘著嘴巴說話、故意把頭髮往後撥、穿著粉紅色的衣服、強調胸部的存在、在聯誼時主動幫忙分配食物、一邊點頭一邊聽他說話等等，妳越是努力做這些事，就越容易被歸類成「無趣的女人」。

「被愛的女性」和「不被愛的女性」之間的決定性差異就在這裡。

被愛的女性所鍛鍊的戀愛能力是「愛人的技術」。

而不被愛的女性所磨練的戀愛能力則是「被愛的技術」。

換言之，妳真正需要的東西絕非「被愛的技術」，而是「愛人的技術」。

在各種愛人的技術當中，本書會將焦點集中在「談話」方面加以討論。

為什麼妳是如此為了被愛而努力，但是卻得不到對方的愛呢？

當中的緣由其實極為單純。

因為我們每一個人都希望被他人所愛，不想被他人討厭。每一個人都會如此推銷自己：

「我給人的印象這麼好，可以讓談話進行得如此熱絡，還可以考慮得面面俱到，小心不讓你覺得心裡不舒服。我身上集合了所有被愛所需的條件。來，請愛我吧！」

換句話說，不管男人或女人都在心中想著「把你的愛交出來」，試圖從對方身上搾取愛。

這完全就是愛的爭奪戰呢。在這種狀態下的男女雙方，乍看之下似乎是面對面地攜手共創兩人世界，不過實際上他們面對的人其實都是自己本身，眼中完全看不見對方的存在。

然而，我們在戀愛當中所追求的東西，並不是互相爭奪對方的愛，應該是「互相給予」和「心靈契合」才對吧？

只要善加運用「互相給予的愛」，就可以自然而然地創造出兩人世界。如此一來，妳

們兩人就會成為彼此無可取代的搭檔，順利地攜手向前。

愛明明這麼簡單，為什麼大家都不試著學習「愛人的技術」呢？

這是因為許多人都誤解了愛的本質；因為大家都覺得「愛人」是自然而然發生的行為，不包含任何技術，絕非我們能夠自由操縱之物。

相信正在閱讀這本書的妳，應該也覺得自己就算不具備任何技術，只要能在感受到如同電擊般的強大衝擊時墜入愛河的話，就可以深愛對方，對吧？

的確，墜入愛河的那種感覺確實非常刺激而且十分吸引人，但是那並不是愛的本質。所謂相愛，應該是彼此互相創造、培育愛情的行為，和刺激完全是兩碼子事。

承上所言，那些把刺激和相愛混為一談的人們，自然不會試圖學習愛人的技術。

所謂愛，是雙方透過言語上的對話，來增進兩人之間的情感聯繫。換言之，愛人的技術則是讓愛滋長，並把愛表達出來的技術。

就是因為這樣，我才會想要傳授妳「透過對話來愛他的技術」。

為什麼現在這個時代會需要這種「愛人的說話術」呢？

當我以心理諮商師的身分接受諮詢時，不知為何經常碰上男女雙方都因為下列的簡訊往來內容而內心受創的狀況。

女方「上次見面實在很開心。要是最近可以找個時間再一起吃個飯就太好了。」

男方「那時真的很開心。那就找個時間再一起吃飯吧。」

就這麼一次的簡訊往來，便讓男女雙方互相判斷對方「沒那個意思」，因此也不會繼續發展更進一步的關係。

是的，**絕大多數的案例，都是在戀情還沒有真正開始之前就已經告吹**。目前這種「不想受傷害的膽小症」還有「戀愛放棄症」正在瘋狂蔓延。

根據日本厚生勞動省*的調查結果，在20～30歲男女當中，沒有交往對象的比率分別是男性78％、女性67％。

請試著想像一下。想要單憑一次簡訊往來就墜入情網，刺激性根本不夠，更別說是建立更深一層的關係了。

所謂戀愛，就是妳和他一起慢慢培養親密關係的過程。只要妳能學會培養的方法，也就是習得「愛人的技術」的話，妳的戀情一定會一帆風順。本書中雖然會用到「被愛」這種被動式的措詞，不過實際上代表的其實全都是「愛人的技術」。

我在成為心理諮商師之前，從事的工作是女公關。

女公關這份工作，如果不能讓客人長年光顧便無法成立。想要達到這點，就必須憑藉說話的技巧持續吸引客人上門才行。

剛開始，我把全副的心力都放在該怎麼做才能讓客人喜歡上我。可是我卻始終沒有辦法長時間抓住客人的心。

就在這個時候，我偶然聽見了資深女公關的談話內容，我這才知道為什麼她們的客人會20年如一日地持續光臨。

因為資深女公關進行的談話，是和客人逐步建立關係的談話。

因為「逐步建立關係」正是愛的本質，客人也會因此捨不得離開。

接下來，我會站在心理諮商師的角度，從女公關的說話技巧當中嚴選出對妳的戀情最為有利的技術，並將它傳授給妳。

為了讓妳能夠成功進行與他建立關係的談話，本書將以下列三個技巧作為介紹主軸。

①讓他不由自主地想愛的說話技巧。

②向「戀愛獨腳戲」說再見的說話技巧。

③和他進行建立關係的談話之前的準備技巧。

只要學會這三個技巧，不論是多麼害怕受傷害的內向女性，也一定會變身成為戀愛高手。

來吧，現在立刻跳出只會聽別人說話的無趣女人身分，成為一個能夠和他一同建立更深一層關係的特別女性吧。

不必擔心。為了讓妳能夠確實學會，我會從第一章開始溫柔仔細地介紹給妳聽。

那麼，我們就立刻開始上課吧！

*譯註：相當於台灣行政院衛生署加上勞工委員會。

〈目次〉

第2章 如何不著痕跡地縮短妳和最喜歡的他之間的距離

第3章 讓他想要再見妳一面的鐵則

第6章 如何在不引起不快的狀況下說出自己的真心話

第 1 章

學會讓對方留下深刻印象的「說話術」

別再進行「只是聆聽」的談話了

很遺憾的，光是善於聆聽並沒有辦法讓妳成為「被他所愛的女性」。

一開始就提這個可能相當刺耳，不過我想妳應該也稍微感覺到了才對。

為了成為「被他所愛的女性」，妳的說話能力也必須有所精進。

當然，提升說話能力的基礎確實是「傾聽他說話」沒錯。

不過呢，

「基礎打好之後，接下來應該就是發言了吧。可是我實在太內向了，沒有辦法開口。

雖然挑戰了很多次，但是真的沒有辦法輕易在談話時開口發言。」

如果妳心中有這樣的想法，那麼這就是妳的說話能力無法發展的主因。

學會聆聽之後，下一步就是學會「使談話維持下去的聽話方式」。

我是在從事酒店工作時發現了這個道理。

當時，我深入研究了「如何只憑談話來緊緊抓住男性的心的方法」，但是我的個性既內向又怕生，總是沒辦法立刻和初次見面的人打成一片。而且我也沒有辦法自己拋出話題讓談話熱絡起來。於是我先將首要目標放在學會聆聽。

可是，光是聆聽很快就讓我遇上了瓶頸。這樣下去是沒有辦法勝過其他紅牌女公關的。到底該怎麼作出反應，好抓住對方的心呢？我開始更加注意紅牌女公關和客人之間的對話，結果發現了「若能在聆聽時顧及談話能否繼續下去，那麼自然而然就有辦法開口發言」這個道理。

我在「前言」當中也有提過，對內向的人來說，**真正重要的並不是立刻開口發言，而是營造出能夠開口說話的情境**。

因此，本章以「使談話持續下去的聽話方式」為中心，目的是讓妳學會並精通這個技巧。這是在培養表達能力之前，讓妳比較容易開口發言的準備階段。

那麼，就請先閱讀下列的談話範例（聯誼時經常出現的對話），再想想看哪一位女性能夠讓男性留下深刻印象，最後獲得他的愛。

有三個女生覺得小篤很不錯，分別是亞紀、由里和理惠。

小篤　「我啊～很喜歡機車。只要一有時間就會騎著到處跑。」

亞紀　「機車啊～我從以前就一直很想坐一次看看。可是我大概還是沒辦法吧。因為服裝之類的不是都有限制嗎？而且我也不想讓頭髮被吹亂～」

由里　「原來小篤喜歡機車啊。我沒坐過機車，而且從來不曾對它感興趣過，所以不太清楚。到底是哪一點讓小篤對它這麼熱衷呢？」

理惠　「原來是這樣啊～（滿臉堆笑）」（內心……我滿討厭機車的說。不喜歡戶外活動的我多半沒辦法應付吧。可是我不想被討厭，而且這又是小篤的興趣，還是接受吧。）

猜猜看，最後是哪一個人能讓小篤留下好印象，然後開開心心地與他交往呢？

實際上，剛見面時的無心談話，就能決定這三個人未來的戀情發展。現在就來個別分析預測她們的戀情吧。

亞紀的戀情，剛開始的時候十分火熱，發展也相當羅曼蒂克。這是因為小篤會順著亞紀的想法行動的關係。起初小篤也以此為樂，可是等到熱戀期結束、進入穩定期之後，小篤就會移情別戀到其他女性身上，最後面臨分手。

為什麼會這樣呢？**因為人際關係當中存在著「交換原理」**。在亞紀的談話裡，確實對小篤的喜好「機車」表示了肯定，但卻不是只有肯定而已。她還同時做出了以下宣言：自己雖然也有一點興趣，但是我更在意自己的服裝打扮，所以機車還是你自己騎就好了。

為了得到亞紀的「報酬」——也就是愛情，小篤或多或少必須配合亞紀支付「成本」。這個條件打從一開始就被攤在小篤眼前。

話雖如此，對小篤來說「無法一起開心騎車」的成本其實根本不痛不癢。所以這時小篤會決定和亞紀交往。

只不過，儘管亞紀能夠認同小篤，但她仍是一個會強烈主張自己要求的女性。為了配合亞紀的要求，小篤必須支付的成本就會慢慢增加。

「**交換原理法則**」可以讓我們預見下列的狀況。

當小篤心中「我要追到亞紀～」的衝勁仍高的時候，他對成本的意識便相對薄弱。可是只要一進入穩定期，他就會開始意識到成本的存在。此時只要出現了像由里一樣的女性，小篤應該就會開始舉棋不定、變心，最後決定和亞紀分手吧。

接下來，我們來看看由里和小篤的戀情。

由里和亞紀一樣，也宣告了「我對機車沒興趣」。可是兩人之間最大的不同點在於由里的「到底是哪一點讓小篤對它這麼熱衷呢？」這句話。她不只接受了小篤的這項喜好，而且還展現出自己希望能夠更加了解小篤的意願。此外她這個問題還能讓小篤繼續談論機車，使談話得以繼續進行下去。

從小篤的立場來看，必須支付「無法一起開心騎車」的成本這點其實和亞紀並無不同。可是由里不只是認同，同時還表示出興趣，這樣會讓小篤覺得他得到的報酬似乎比較多。換言之，這樣能讓小篤相信，如果交往對象是由里的話，所獲得的報酬就會和成本均等、甚至多過成本。

從對話當中可以知道，由里不會只讓小篤支付較多的成本，而是一個能夠支付相對報酬、能夠因時制宜的女性。因此，在旁人眼中看似「任性」、「自我中心」的發言，對小篤來說，其實他並不覺得那是多大的成本。早在一開始，他就已經接受這點程度的付出了。只要由里能將交換原理銘記於心，並且隨時加以調整的話，應該就能和小篤永浴愛河了吧。

最後，是理惠和小篤的戀情。

因為理惠接受了小篤的喜好，沒有提出任何反對意見，也沒有說出任何任性的話，所以小篤會認為她是一個相當令人放鬆的存在。只要和理惠交往，應該就能談一場由自己主導的戀愛吧。所以一開始他會感受到「有女方為自己盡心盡力還真不錯」的舒適感和安心感，只可惜這種感覺馬上就會膩。再加上自己就算不付出任何心力，理惠也不會離開自己身邊，如此小篤自然會不再為這段關係付出。

另一方面，理惠為了不讓自己被討厭，因此一直隱藏著自己的真心話。可是她最後還是會沒辦法繼續容忍小篤的自由奔放。等到她終於鼓起勇氣告訴小篤「我想和你在一起久一點。至少希望你能回覆我的簡訊」的時候……小篤就會下定決心和理惠分手。

我們同樣用「交換原理法則」來檢視一下這個案例吧。

理惠在對話中告訴小篤自己會給予他報酬，而且不需要他支付成本。而小篤也覺得無需成本就能交往當然是再好不過，於是便決定和理惠交往。換句話說，打從一開始小篤就無意支付理惠任何成本。

因此，當理惠提出一般來說極為普通的「想在一起久一點」、「希望你能回覆我的簡訊」等要求時，對小篤來說是他第一次必須支付成本的時候。

當初明明是因為零成本才開始的交往關係，為什麼現在非得要支付成本不可？

現實情況下，小篤心中會出現「耶？原來理惠這麼任性啊」、「和我原先想的不一樣」、「想法不合」之類的想法，因而開始考慮分手。

現在，妳應該已經知道誰有辦法在這場聯誼當中獲得小篤的心了吧。

理惠並不算是善於聆聽，她的行為只讓人覺得她很被動地在聽別人說話。在這種狀況下，甚至有可能會以「有這個人嗎？」的結果收場，完全無法在他人心中留下深刻印象。

而亞紀只是一個「能夠提出自我主張的女性」。如果她沒有遠遠凌駕於成本之上的女性魅力，就沒有辦法獲得小篤的愛。

從結果來看，只有真正善於聆聽，還能讓談話熱絡起來的由里，才有辦法得到小篤的心。在傾聽對方言論的同時，也釋出和自己有關的訊息，還能提出對他表現出好感的問題。用一句話來形容，就是**胡蘿蔔與棒子的用法掌握得恰到好處**。

如果妳希望這次一定要談一場理想的戀愛，請立刻下定決心，不要再用被動的方式聽人說話了。妳只要有這個決心即可。只要下定決心，它就會成為幫助妳學會「被愛女性的談話能力」的基石。

如何將話題誘導至他想發展的方向

「讓對話繼續的聆聽方式」和「傾聽」（側耳仔細聆聽），兩者看似相同，實則不同。傾聽時，若能再特別注意到某個特定觀點的話，就會成為「讓對話繼續的傾聽」。

在我的心理諮商室裡，有許多客戶都懷抱著「談話的煩惱」前來求助。這些客戶最大的共同點，就在於沒有做到「讓對話繼續的傾聽」。

無法讓對話繼續的人，他們的傾聽都是在說出肯定對方的話語之後便宣告結束。類似的案例非常多。

傾聽為何如此重要？我們是為了什麼聽對方說話？請經常詢問自己這個問題，並繼續閱讀本書內容。

這次就從日常生活當中不經意的對話來著手學習吧。下面登場的五個角色：阿諭、美樹、小瞳、小光和麻美是同梯進公司的同事。因為阿諭相當煩惱，所以這五人久違地聚在一起討論。

阿諭　「前陣子我參加了部門內部的聚餐。先前大家明明都在說部長對於A公司的處理方式很奇怪，可是聚餐的時候卻拚命拍部長的馬屁。我可是最大的受害人啊！真的很不爽耶。」

美樹　「我想阿諭是很辛苦沒錯。不過公司不就是這麼回事嗎。」

小瞳　「明明大家都在背後說部長的壞話，可是在本人面前卻阿諛奉承，也難怪阿諭會覺得討厭。」

小光　「就是啊，這樣真的很討厭呢。」

麻美　「這樣啊。有關A公司的後續處理，阿諭費了很大一番工夫吧。可是大家不但無視阿諭的辛苦，甚至還大拍部長馬屁，是因為這兩個理由讓人加倍討厭的吧。你能不能再說得詳細一點呢？」

如果我們可以在傾聽對方說話時注意到下列四個立場，就可以把「單純的傾聽」轉變成「使對話持續下去的傾聽」。

①與他有關的他的看法
②與他有關的我的看法
③與我有關的他的看法
④與我有關的我的看法

若要進行可讓對話繼續的傾聽，最重要的就是必須特別注意①「與他有關的他的看法」和④「與我有關的我的看法」，一邊分辨出「他」和「我」的不同，一邊傾聽。因為一旦妳發現了其中的相異之處，就能成功執行傾聽技巧當中的一項重要工作。

這項工作就是**收集並了解他這個人的相關資訊**。只要能做到這一點，妳就可以不必再用臆測來對他做出回應了。另一方面，

「要是對他說出這樣的話應該會被討厭吧。」

「他大概對我沒興趣吧。」

當妳在談話進行時出現了這樣的想法，妳有可能是基於②「與他有關的我的看法」在實行③「與我有關的他的看法」也說不定。

即便是在與他隨意交談的場合下，若以這種臆測、推測來進行對話，等到交往之後一

定會陷入「我不懂他在想什麼」的煩惱泥沼中。戀愛期間的妄想能力就是這麼恐怖。

一旦開始妄想，妄想內容瞬間膨脹、再倏地破滅的惡性循環也會隨之開始。

請在大腦中隨時注意①和④的區別，再聆聽對方說話、使對話持續下去吧。

其實只要能在言談中肯定對方，對話多多少少都可以持續下去，同時也可以讓對方留下好印象。

不過，**如果妳想從「其他眾多女性」當中脫穎而出，妳能不能以「收集他的相關資訊」為目的持續與他對話，就顯得異常重要了。**

請先把這個道理銘記在心，然後再來看看這四個人的回答。

首先，美樹是第一個出局的。

因為她是以④「與我有關的我的看法」來做出回應，因此她不但沒辦法肯定阿諭，也沒有辦法累積和阿諭這個人有關的任何資訊。

小瞳使用的是傾聽技巧的基本型。重複一次對方在這個事件上的感情表現，並送出表示肯定的訊息。在小瞳的腦中，似乎區別出了「我」和「他」的不同。

但是在實際的對話中，阿諭頂多回答一句「就是啊，真的討厭死了」，之後就不會有下文了。

小光使用的技巧是「鸚鵡學舌」，這也是傾聽技巧當中的基本形式。這個回答代表了不管前因後果為何，「我都確定接收到了『阿諭很不開心』的訊息」。

可是，如果只是像鸚鵡一樣重複別人說的話，就沒有辦法聽取①「與他有關的他的看法」，所以整段談話就會和小瞳的情況一樣，瞬間結束。

麻美則是確實掌握了①「與他有關的他的看法」，因此在對話當中表示「我了解你的想法」，也就是肯定阿諭的部分，會比小瞳要長的多。不僅如此，她還清楚地回應了，阿諭「是因為兩個理由才感到加倍討厭、不開心」。

除此之外，為了讓阿諭更容易將這件事情說出口，麻美還補上一句「你能不能再說得詳細一點呢？」來催促他繼續說下去。因為麻美一直到最後都注意著「與他有關的他的看法」，所以才有辦法毫不猶豫地說出催促的話。

這個道理可能已經是老生常談了，不過**為了使談話不中斷、同時還要抓住他的心，將整段談話的走向引導至他想說的方向是非常重要的**。

讓我再強調一次，他心裡真正想說的事情，如果不站在「與他有關的他的看法」的立場來傾聽的話，是沒有辦法知道的。

由於麻美基於「與他有關的他的看法」說出了這句話，換言之，也就是說出了阿諭希望她說出來的話，這樣的回答當然可以讓談話持續下去，而且也能抓住他的心。

當妳好不容易下定決心開口說話，但是卻導致冷場的時候，很有可能是妳的「妄想聽覺」在作祟。因為妳是依據②「與他有關的我的看法」，擅自臆測了③「和我有關的他的看法」，最後以「我的看法」發言。

請不要再用妄想聽覺來傾聽他的談話了。**仔細傾聽他說話的目的，並不只是為了肯定他，而是為了要了解他**。如果第一步沒有先做到了解他，當然也不可能進行被他所愛的對話。

察覺他真正想說的話，再鼓勵他說出口。這個模式就是使談話得以持續、同時也能受他喜愛的談話基礎。

一方面運用傾聽技巧做出回答，另一方面則是收集他的相關資訊，說出他希望妳說出來的話。就讓我們升級到這個更進一步的傾聽技巧吧！

和「妄想」說再見的方法

為了和妄想說再見，請再記住一個會話原則。

我在研究所攻讀的是語言傳達訊息給人類知曉的傳達機制，而學術界當中普遍認為「傳達的本質就是推論」。換句話說，**妳的說話能力，取決於妳是否具有正確的「推測能力」**。

打個比方，我現在對妳說了這樣一句話。

「昨天我和男朋友吵架，感覺好像失去了某種重要的東西。」

妳會怎麼推測這句話的意思呢？

「是不是和男朋友分手了？」

「和他大吵了一架，所以打擊很大吧。」

「大概是沒辦法和男朋友互相了解吧。」

「是不是打算和男朋友分手？」

「是不是在懷疑他呢？」

諸如此類，推測的結果會出現無限多種可能。

事實上，因為前一天和男朋友吵過一架，讓我覺得再也無法相信他這個人了。為了和妳共享這份心情，所以我才會做出以上發言。

如上所示，由於身為說話者的「我」只用了概括的說法表達自己想說的內容，因此並沒有辦法將自己的想法100％傳達給對方。另一方面，身為聽話者的妳，也只能依照自己聽見的概括內容，推測對方到底想要說什麼。

所謂對話，其實就是依照自己的「作文能力」，將自己的想法傳達給對方知道。而對方也只能以他自己的「文章解讀能力」來解釋自己聽到的訊息。

在這種情況下，交談內容當中無可避免地會留下一些推測的部分。

不擅於說話的人（過去的我也包含在內）總會不小心把「推測」轉移到「妄想」的領域之中，所以說話能力才會無法進步。

因此，為了讓妳告別「妄想」，妳下一個需要鍛鍊的技巧就是「**正確推測的技巧**」。是不是覺得很困難呢？請妳大可放心。容易妄想的人原本就是想像力比較豐富的人。所以這樣的人其實擁有比任何人都還擅長說話的天分。

與人對話存在著幾個原則*，違反原則的部分就會產生臆測。換言之，只要妳經常注**意他的話中「有沒有什麼地方違反原則？」一邊聽他說話，就能站在「與他有關的他的看法」的立場上，正確地聽取他話中的含意。**而結果就是雙方的對話得以延續，妳也變得能夠說出加深兩人關係的話。

那麼，現在問題就來了。

下面幾個例子當中，他的回答都違反了原則。妳會怎麼讓對話持續下去呢？

例1

妳　「你喜歡石鍋拌飯嗎？」

他　「我還滿喜歡韓國料理的。」

妳　「　　　　　　　　」

例2

妳「這麼說來，你上次不是提到你在公司碰上麻煩了嗎？現在怎麼樣了？」

他「妳不覺得肚子有點餓嗎？」

妳「　　　　　　　　　　　」

例3

妳「你是什麼時候要和朋友一起去滑雪啊？」

他「咦？是什麼時候來著……搞不好取消了呢。」

妳「　　　　　　　　　　　」

例4

妳「我有幾張電影票，下星期四要不要一起去看電影？」

他「電影啊……」

妳「　　　　　　　　　　　」

現在讓我來逐一解說吧。

例1當中，他違反了對話的**「量（Quantity）」**的準則。所謂量的準則就是：

①給予對方需要的所有訊息。

②不多給對方所需以外的訊息。

由於他違反了①，所以妳便開始推測：

「因為他喜歡韓國料理，所以應該也喜歡石鍋拌飯吧？」

「說不定他討厭石鍋拌飯。」

「他說不定是喜歡辣的料理。」

「他或許也喜歡泰國料理或越南料理。」

「韓國料理當中應該有特別喜歡的吧？」

大致上可以做出這些推測。

在這種情況下，如果妳能盡可能地做出大量推測，妳就不會對他一廂情願地妄下斷言，如此一來就可以和妄想說再見了。

一旦妄想症發作，妳可能會心想「原來他不喜歡石鍋拌飯。我提了他不喜歡的東西，可能會被他討厭也說不定。得快點改變話題才行……」開始自顧自地乾著急起來。

因此，當妳面對類似情況時，妳必須反過來詢問他：

「原來你喜歡韓國料理啊。有什麼特別喜歡的嗎？」

因為他說出了「韓國料理」這個關鍵字，所以妳必須先運用傾聽技巧，做出「原來你喜歡韓國料理啊」的回答。接著再以了解他的喜好為目的，以韓國料理作為題材仔細詢問。

根據談話進行的方向，最後妳應該可以知道「他所有的飲食喜好」。更甚者說不定可以知道他這個人的完整人格特質。換言之，妳可以把這段談話變成「了解他對事物的看法的機會」。

例2則是違反了對話中的「**關聯**（Relation）」**準則**。所謂的關聯準則就是：

①不說偏移主題的話。

②與對話內容具有關聯性。

明明妳想談的是他在公司裡碰上的麻煩，但是他的回答卻是完全無關的「妳不覺得肚子有點餓嗎？」。這時妳所能做出的合理推測就是「他現在不想談這個話題」。

在這個推測當中，「現在」這個詞其實才是最大的重點。可是妄想症的人就會覺得「他不想談在公司裡碰到的麻煩。我問了不該問的問題」，然後又開始暗自焦急。

所以妳該做的就是先肯定他，同時若無其事地表現出自己很能了解他，這樣就能營造出一段加深彼此關係的對話。具體來說就是：

「是有點餓了呢。要吃點什麼嗎？」

只要這樣回答就可以了。等到之後他想談論「在公司裡碰上的問題」時，他自然會自己提起這個話題。現在妳只要接受他想吃東西的提議就好。這麼做才是能用對話獲得他的愛的女性。

例 3 違反的是對話中**「質（Quality）」的準則**。所謂質的準則就是：

①只將事實傳達給對方。

②不說證據不足之事。

他違反的是②。因為他沒有經過確認就告訴妳「搞不好取消了」。這時正確的推測有：

「他覺得確認行程很麻煩。」

「他現在不想聊滑雪、或是同行友人的話題。」

「洩漏行程可能有不妥之處。」

諸如此類。

但是妄想症的人只會覺得「洩漏行程可能有不妥之處」，因此開始疑神疑鬼起來。

他到底是出自什麼目的才違反了質的準則，基本上沒辦法從他的回答當中看出來。不過唯一可以確定的就是，他透過違反質的準則來表達他「現在不想討論這個話題」的意願。

此時，如果妳的目標是進行受他喜愛的對話，那妳就要徹底改變現在的話題。

「那就等你確定之後再告訴我吧。話說回來，你有看過這本書嗎？」

不要疑神疑鬼，立刻改變話題，重新找出他想聊的話題。

其他像是「確認一下你的行事曆啦」、「其實是和其他女孩子一起去的吧？」、「該不會有什麼事情瞞著我吧？」等近似盤問的問題則絕對不要問出口。有些事情，等到他想說的時候自然就會告訴妳。

能夠以對話獲得對方的愛的女性，都是有辦法像這樣以他的心情為優先的女性。

例4，違反的是**「方式（Manner）」準則**。所謂的方式準則就是：

①不用含糊不清的方式敘述。

②不用具有複數意義的表達方式。

③簡潔地描述。

④按順序描述。

他違反的是①和②。

所以妳可以做出如下推測：

「他不想看電影。」

「他不想看我提議的那部電影。」

「他下個星期四沒有空」

如此這般。至少妳可以確定他對這次的邀請沒什麼興趣。

而妄想症的人就會開始妄想：「沒什麼興趣的意思就是不想見到我吧。最近一直都是我主動邀請，才有辦法出門約會……他是不是已經對我沒興趣了啊」，然後在焦急之下立刻改變話題；最後還會因為自己的疑神疑鬼，使得對話逐漸朝向灰暗的方向進行。

在現實狀況中，他頂多只是違反了方式準則而已。因為他使用了含糊不清的方式表達，所以我們沒辦法做出判斷。

因此，妳要做的就是搞清楚到底是哪一點不行。

「你對這部電影沒興趣嗎？還是你下星期四沒空？」

請向他詢問這個問題，把原本曖昧不清的地方全部弄清楚。對於妳和他的戀情而言，妳因為多所顧慮、不敢問出口而變得疑神疑鬼才是真正有害的事。

儘管是理所當然之事，不過他真正的意圖還是只有他自己才知道。因此類似的情況，反而是妳趁機瞭解他的電影喜好、以及摸清楚他星期幾比較有空的好機會。

如上所示，當他違反「對話的原則」時，就會打開妳妄想的開關。這種時候，我們很容易就會依照「與他有關的我的看法」或是「與我有關的我的看法」來做出反應。但這正是不被愛女性的典型做法。

正因為是妄想開關被打開的時候，才更需要好好區別「他」和「我」的不同。要像24頁中的麻美一樣成功掌握「與他有關的他的看法」，將心力集中在被愛女性的對話上喔。

＊譯註：會話的四項原則，是由英國語言學家 Paul Grice 所提出。也稱為合作原則（cooperative principle）。

一定能留下好印象的「初次見面談話技巧」

相信妳現在已經知道自己應該注意聆聽對話當中的哪一個部分，才能找到「使談話繼續下去的關鍵」。

為了讓自己能夠透過和他對話，從「其他眾多女性」當中脫穎而出，成為他心目中的特別女性，總之最重要的就是「收集和他有關的訊息」。而且必須在他想聊的話題中收集資訊。

話是這麼說沒錯，但是千萬別讓自己變成打破砂鍋問到底的追問魔人。無論如何都要一邊對他說的話表示肯定，一邊收集他的相關資料。再強調一次，「在他想聊的話題當中進行對話」這個大原則是不容改變的。

那麼，現在就讓我依循著這個大原則，來介紹「初次見面的談話規則」吧。

順道一提，銀座的女公關們能不能在和客人第一次見面時就靠對話贏得對方的好感，可是攸關生死的大事。而初次見面時確實存在著幾個潛規則。

其中，基本中的基本，就是**「初次見面時，請進行比較膚淺、無關緊要的安全話題」**。

妳可能會很疑惑，到底要怎麼做才有辦法一邊進行無關緊要的對話，一邊吸引對方的注意？事實上，我個人的心理諮商室也有許多客戶是為了「由於聊的話題太無關緊要，常被認為是個無趣的人，所以才會不受男性歡迎」的煩惱而前來求助。

然而，當中有非常多的女性，其不受歡迎的原因，並不是出在無關緊要的對話上。即使話題內容無關緊要，但是只要包含了下面介紹的重點，就絕對不會被認為是個無趣的女人，反而會令人對妳留下深刻印象、想要再見妳一面。

初次見面時一定會讓對方留下「特別女人」的印象的三個重點如下：

①我對你有興趣。

②我不會攻擊你，我是安全無虞的人。

③我可以帶給你報酬（好處）。

接下來，就用銀座的店家當中常見的初見面光景為例，介紹一段遵守了以上規則的對話吧。

水希1「歡迎光臨。我是水希，請多多指教。」
客人1「啊，妳好。」
水希2「先來一杯摻水威士忌好嗎？」
客人2「就來一杯吧。謝謝。」
水希3「我還是第一次見到您呢，請問您經常光臨本店嗎？」
客人3「啊啊。我沒有自己來過，不過山本先生倒是帶我來過幾次。」
水希4「原來是這樣啊。我常常到山本先生的位子上坐檯，不過都沒有機會見到您呢。」
客人4「妳和山本先生感情很好嗎?可能是因為我來這裡才第三次，而且一年當中可能來不到一次的關係吧。」
水希5「啊、請問可以請教您貴姓大名嗎？」
客人5「我是佐藤。」

水希 6「佐藤先生和山本先生是什麼關係呢？我和山本先生總是聊棒球聊得非常開心，所以還算是頗受他照顧的喔。」

客人 6「他是我大學的學長，在經營方面也是前輩，所以我偶爾會約他出來吃飯，順便向他討教些事情。」

水希 7「原來是這樣啊。那麼，佐藤先生的工作也是和不動產相關囉。山本先生他真的是一位心胸寬大又有包容力的人，每次都讓我從他身上學到不少東西呢。」

客人 7「就是啊。和山本先生聊天總是能讓人成長許多。不覺得我看起來像是個氣度宏偉的人嗎？這都是因為我遵守著山本先生的教誨啊。」

水希 8「啊哈哈～您都遵守些什麼樣的教誨呢？」

客人 8「那就是……」

……之後持續著膚淺的對話。

這位佐藤先生和常客山本先生是舊識。因此，為了突破佐藤先生的心防，妳必須讓他知道自己和山本先生之間的關係有多麼緊密，這樣可以使佐藤先生產生安心感。

佐藤先生信賴的對象是山本先生。只要妳能讓他知道自己是那位山本先生深深信賴的

人物，

「我對你有興趣。」

「我不會攻擊你，我是安全無虞的人。」

「我可以帶給你報酬（好處）。」

這樣就可以一次將上述三點傳達給對方知道。

剛剛介紹的對話，內容不過就只是詢問名字啦、工作之類的東西，乍看之下似乎是毫無意義的「膚淺對話」。不過在這段看似平常的對話背後，其實隱含著初次見面時一定要讓對方知道的這三大重點。

除此之外，這段對話同時也滿足了「使談話繼續」的三個必要條件。

使談話繼續的三大條件如下。

①學會傾聽的技巧。

②為了讓對方能夠拓展話題而進行發問。

③說出有關自己的事。

我們是在哪裡運用到了這些條件呢？經過整理之後結果如下：

①水希4、7
②水希4、6、7、8
③水希1、3、6、7

常有人說人與人之間的會面，第一印象就是勝負關鍵。另外，也有人說如同偶像一般爽朗的笑容、還有乾淨俐落的招呼動作等等，同樣能夠留給對方好印象。

然而實際上，這些行為未必能夠帶給對方良好的印象。**真正能在初次見面時帶給對方好印象的關鍵，其實是在於妳能把「為兩人將來的關係先行播種」這件事做到什麼程度。**

在初次會面的那一瞬間，的確會決定一部分的第一印象。但是到頭來，人們還是會花上三十分鐘左右的時間來了解、判斷對方的為人。因此，妳只需要一面滿足「初次見面的談話規則」，一面運用「使對話繼續的技巧」，誠懇地與他對話即可。

妳不需要進行肢體接觸，或是展現自己令人意外的一面等任何標新立異、所謂「小惡魔式」的策略。只要積極地讓對方知道妳是個安全無虞的人就夠了。

當妳依照這些規則進行交談時，即便是些無關緊要的話題，男性也會在無意識之中對妳感到放心。這份安心感越強烈，留下的好印象就越深刻。換句話說，他就會開始想要和妳共有更深一層的關係。

請記住，初次見面時的談話只是播種而已，請務必要種下將來能夠得到甜美果實的種子。

有效打開話匣子！馬上就能派上用場的「魔法之語」

舉凡任何對話都有下列三個階段。

①對話開始
②對話持續
③對話結束

而每一個階段當中，都存在著能牢牢抓住他的心的技巧。

我曾做過媒體方面的工作和銀座女公關，一直到現在成為一名心理諮商師，全都是仰賴與人對話來維持生計。雖然每個工作有程度上的差異，但是使用的技巧都是一樣的。

現在，我要從這些工作經驗當中，挑選出「在初次見面或對話開始時立刻抓住他的心的技巧」來介紹給各位。

實際上「開啟一段對話的技術」是非常簡單的。

但是不擅長說話的人似乎總是誤以為這件事情相當困難。如果妳是這樣的人，希望妳能趁這個機會完整學會。

正如同前面舉出的對話範例，最重要的一點就是**「剛開始只要平淡無奇即可」**。一個女公關能不能成功抓住新客人的心，端看她如何運用對話的起頭技巧。不過專業女公關在初次見面時所使用的技巧其實意外地平淡無奇。

為什麼只要平淡無奇即可？因為女公關們都是意識著「開啟一段對話的真正目的」來進行對話的。

在對話的初期階段有一個很重要的目的，那就是找出對方想聊的話題。這個階段就是所謂的探索階段，因此不需要強迫自己說下去，或是想出一些天馬行空的點子。總之**最重要的就是找出話題**。

擅於說話的人會在無意識之中使用這個技巧。他們會一邊尋找絕對能夠讓對話持續下去的談話領域，一邊進行對話，所以對話自然得以延續，大家也能相談甚歡。

那麼，關於如何尋找一開始的話題，有兩個鐵則必須遵守。

■鐵則1　在找到能夠長時間談論的話題之前，必須迅速轉變話題，不要硬撐。

■鐵則2　由外而內。

在進行詳細解說之前，我們先來練習看看吧。

妳心中懷抱著對於邂逅的些許期待，參加了某個商業座談會。座談會結束後，提供參加者更進一步交流的流水席也隨之開始。宴席當中有一位令妳在意的男士。幸運的是，他似乎剛剛和別人交換完名片，現在正好一個人。

那麼，妳會怎麼向他搭話呢？

妳「　　　　　　　　　」

他「妳好。　　　　　　」

妳「　　　　　　　　　」

他「原來如此。　　　　」

正如同我再三強調的，剛開始的時候只要平常地打聲招呼即可。因為知道他是什麼人、找出能和他一起開心地聊下去的話題，才是對話開頭部分的真正目的。

我們來公布正確答案吧。

如果是我參加這場活動的話，就會這樣開啟對話。

水希1「您好，我叫水希。還沒有機會和您交換名片吧。請問可以交換嗎？」

他1「妳好。原來還沒有交換過嗎？真是抱歉。我是荒井博，請多指教。」

水希2「原來荒井先生是在貿易公司工作啊。部門是第三業務部，請問是做哪一種東西的生意呢？」

他2「我的部門主要是和國外進行布料的交易。例如紡織原料或是成品布匹等等。」

水希3「喔~這樣的話，我今天穿的衣服的布料會不會和荒井先生有關係呢？」

他3「嗯……我想應該不會吧。因為我經手的布料是有點特殊的……」

水希4「聽起來，說明好像有些複雜。話說回來，我今天來參加這個座談會是因為對資產運用感興趣，請問荒井先生參加的原因是什麼呢？」

他4「我是因為跟主辦人有點交情，他叫我一定要來看一看。」

水希5「原來是這樣。那待會兒還要麻煩您介紹一下那位朋友給我認識。啊，我飲料已經喝完了。請問您剛剛喝什麼？」

他5「我喝烏龍茶。因為我打算今天活動結束之後，繞去健身中心游個泳再回家，所以就不喝酒了。」

水希6「那我們就一起去倒杯烏龍茶吧。荒井先生常去健身中心嗎？」

他6「因為我從以前開始就滿喜歡鍛鍊身體的。……」

感覺如何？剛開始只要像這樣尋找話題就可以了。這個例子其實算是比較短的，實際上這樣的摸索狀態大概會持續十五分鐘左右。但是妳完全不需要擔心。只要妳有辦法持續摸索下去，就等同於成功認識對方了。

接下來，就讓我開始解說吧。

首先，為了和初次見面的人開始交談，第一句話一定要說這個。也就是「水希1」當中自我介紹和交換名片的部分。

這部分，相信妳早已得心應手。

其實我平常都把這句話變成一句「掌握人心的魔法咒語」在使用。

「不好意思，可以和您交換名片嗎？我叫做水希，請多多指教。」

↓

「您好，我叫水希。還沒有機會和您交換名片吧。請問可以交換嗎？」

這樣了解了嗎？只是改變一下順序，先向對方打聲招呼而已。這就是把交換名片的動作延後，先讓對方知道自己是什麼人，藉此讓他感到安心的「魔法」。

和不熟悉的人交換名片，老實說就算是男性也會覺得不太舒服。然而如果能像剛剛所說明的，先讓對方認為自己是可以放心的人物的話，對方也才會真正敞開心房。至於初次見面時的交換名片，其實只是一個方便和對方搭話的藉口而已。

為了讓對方在剛見面的數秒內就覺得自己是個可以放心的人，首先必須自己報上名來。這實在是個簡單無比的魔法，對吧？

交換過名片之後，妳就必須根據對方名片上提供的訊息繼續聊下去。「水希2」和「水希3」就是試圖把他的工作當成話題來持續對話。

但是，他在「他3」的回答當中似乎並不想要滔滔不絕地說明他的工作內容。這句

「有點特殊」表示這一定是很難向外行人說明的東西。對於初次見面的對話來說，向人解釋難懂的工作內容實在不合適。

於是「水希4」馬上使用了兩人共通的「座談會」話題來開始下一段新的對話。

這就表示「水希4」忠實遵守了鐵則1「在找到能夠長時間談論的話題之前，必須迅速轉變話題，不要硬撐」，可說是一個非常重要的部分。因為她做到了**一旦判斷出這個話題並不是男方想聊的，就馬上改變話題**這件事。

真正懂得如何進行被愛對話的女性，都會像這樣全神貫注地尋找他想說的話題。話題不斷變來變去、談話內容一直找不到交集，妳可能會質疑：「這樣說不定會被他討厭」，但事實則不然。真正讓人煎熬的應該是明明不想聊的話題卻一直講個沒完沒了。請想起一個大前提——人類是一種希望別人聽自己說話的生物。

各位只要想像一下算命時的情況就比較容易理解了。如果把算命師和客人之間的對話寫成文章，會變成什麼樣子呢？

事實上，當算命師讀取（reading）到的訊息和客人不符的時候，他們也會馬上改變話題。這麼做的原因是為了不讓對方對自己的讀取錯誤留下印象。

其實算命師讀取的訊息大概有九成都是錯誤的，也就是說只有一成的命中率。不過就算如此，還是有許多人慶幸自己有去算命，或是覺得算命很有趣。

所以，為了不讓對方留下「真是話不投機啊」的印象，請一定要迅速改變話題。

「水希4」詢問對方為什麼會來參加這場座談會。此時，水希其實並不只是從共通點當中尋找話題，她還用了另一個「魔法」。

這個魔法就是**「先說出自己參加的理由」**。之前我們已經說明過這個魔法所代表的意義，也就是先釋放出自己的個人資訊，藉此明確表示自己是安全無虞的人物。

如果妳在這個時候拼了命地想要改變話題，可能就會用「荒井先生為什麼會來參加這個座談會呢？」這種直接的句子來詢問。這樣會帶給別人「她為了繼續說下去已經不顧一切了」的感覺。這就是妳平常的行為模式，但這樣無法留給他人良好的印象。請遵照鐵則1「在找到能夠長時間談論的話題之前，必須迅速轉變話題，不要硬撐」的作法，一邊享受如同尋寶般的樂趣，一邊試著找出他想聊的話題吧。

儘管「水希4」丟出了有關「座談會」的話題，但是他似乎不是因為自己有興趣才來參加的。這時也是快點改變話題才是上策。於是，就輪到「飲料作戰」登場了。在這個部分，水希是根據鐵則2「由外而內」改變了話題。

鐵則2所說的「由外而內」，指的是將尋找話題的位置從他的「外表」移至他的「內心」。

剛開始，妳可以在他的「外側」尋找話題。例如「他的服裝、髮型和持有物」，或是「兩人目前所在的空間」。

這時，可以利用我們的感官來尋找話題。

首先是雙眼可見的事物。仔細檢視兩人同時可見的所有東西，例如掛在這個房間裡的畫、內部裝潢、窗簾、燈光的明暗、放在桌上的玻璃杯和盤子等。

接下來是耳朵聽見的聲音，例如室內的背景音樂、其他人的談話內容、活動主持人說的話、對方的聲音等兩個人的耳朵同時可聽到的東西。

最後是感覺，也就是兩人同時運用嗅覺、味覺和觸覺所感受到的東西，例如室內的溫度、味道；食物的香味、口感等。

如此一來，就算自己沒有準備什麼有趣的話題或情報，都還是有辦法找出無數個他感興趣的話題。

「由外而內」的「內」，是指與內心相關的事物，例如興趣、情緒、價值觀、信念等。請記住**在剛開始的摸索階段，一定要從「外部」來尋找與「內部」相關的話題**喔。

現在，我就來介紹從「外部」尋找話題時可用的魔法咒語吧。

當妳發現他的杯子裡已經沒有飲料的時候，妳會不會說出：

「你想喝什麼飲料？我去幫你拿」這句話呢？

好不容易才做好了讓話題升溫的準備，一旦自己離開現場就沒有意義了。最糟糕的做法就是打斷原本連續的談話。

看看「水希6」吧。她就用了「那我們就一起去倒杯烏龍茶吧」這句魔法咒語。她真正要表達的其實是「我們可以一邊聊天一邊去倒烏龍茶」的意思。

這句魔法咒語不但不會中斷原本的談話，而且還是讓妳從「其他眾多女性」當中脫穎而出的祕技。

說穿了，這句話的用意就是**藉由一邊講話一邊在會場內移動，以行動來向所有人宣示「我們的交情很好，關係有一點親密」的印象**。最後周遭的人就會把妳們兩個視為一對情侶。

很厲害對吧？只要施加一點魔法，原本平淡無奇的對話開頭也能讓妳搖身一變，成為在他心中留下深刻印象的女性。

而「水希5」的烏龍茶話題，讓對方提起了與他的內心有關的「健身中心」話題。為了確認他是不是真的想聊有關健身中心方面的話題，「水希6」才提出了「荒井先生常去健身中心嗎？」這個問題。

初次見面的對話開頭能夠做到這樣就算相當足夠了。

最後，再來介紹幾個展開對話時能夠派上用場的句子。

✧自我介紹＋請求

「您好，我是○○○。請問可以和您交換名片嗎？」

✧自我介紹＋協助

「您好，我是○○○。請問您要喝點什麼嗎？」

✧說出自己的相關訊息之後提問

「我是第一次參加這種座談會，不太清楚該怎麼做，緊張得很。請問○○先生經常參加這種活動嗎？」

「我是為了○○目的才來參加的，○○先生呢？」

「我在○○公司擔任業務工作。請問○○先生從事什麼樣的工作呢？」

「我是受○○先生邀請才來的，○○先生您呢？」

✧讚美對方的外表、配戴的物品和舉止

「您的服裝品味真好。請問是自己搭配的嗎？」

「您是不是對手錶有所堅持呢？您戴的這隻手錶實在是太漂亮了。」

「您的演說技巧真是太棒了。該怎麼做才能變得像○○先生您一樣呢？」

「我一直在想是不是曾經在哪裡見過您，請問有沒有人跟您說過您和藝人○○○有點像呢？」

✧討論有關今天參加的活動或發生的事

「今天這場演講真是精彩呢。」

「總覺得今天聯誼的氣氛很不錯呢。」
「今天電車誤點了，你那邊狀況還好吧？」
「你吃的那個沙拉好吃嗎？」

✧尋求協助

「可以幫我拿一下那個嗎？」
「可以請你幫我一個忙嗎？」

第2章

如何不著痕跡地縮短妳和最喜歡的他之間的距離

愉快的談話從表現出「開心、愉悅的心情」開始

受人所愛的女性，不會試圖急遽縮短自己和對方之間的距離。在妳眼中看來她們可能像是瞬間就虜獲了對方的心，但是她們為了讓對方對自己抱持好感，其實都是按部就班地進行著「播種」的工作。

但是話又說回來，她們的播種工作確實是在一瞬之間完成的。所以站在一旁觀察的妳才會覺得簡直像是在變魔術一樣。

我們就在這一章裡，來學習受人所愛的女性們是如何進行播種的吧！

因為這是非常簡單而且基礎的東西，所以妳可能早就已經會了也不一定。然而很遺憾的，沒有出現好結果的原因，可能是因為妳欠缺了某一個重要的部分。

內向又不擅於交談的人都有一個共同特徵，那就是她們沒有辦法在播種階段時一步一步地進行，總是心急地跳過好幾個階段，或是打從一開始就沒有注意到階段的存在。

從妳和他相遇、一直到兩人決定交往為止，其實存在著六大階段。

第1階段　接觸
第2階段　讓他注意到妳
第3階段　讓他對妳有好感或有興趣
第4階段　讓他想要更加了解妳
第5階段　讓他覺得喜歡上妳也無可厚非
第6階段　讓他決定喜歡妳

受人所愛的女性在初次見面或是初期階段時，就可以一口氣登上第4階段。因此最重要的就是第1～第3階段。妳能讓初期見面時的談話在這三個階段當中發揮多大的效果，就是妳能不能成為受人所愛的女性的分水嶺。只要在第3階段確實給他一點「胡蘿蔔（甜頭）」的話，從第4階段開始，他就會主動想要更加深入認識妳、了解妳。

反過來說，如果在還沒有到達第4階段前就告白的話，理所當然不會成功。因此，在妳告訴他自己的心意之前，一定要確認那個時候自己和他的關係是否已經抵達第4階段，或者是否已經做好第5階段的播種行動了。關於這一點，我會在第4章詳細說明。

順道一提，水希可以在初次見面的三十分鐘之內一口氣登上第6階段。身為一名女公關自然具備這樣的能力。然而在私底下若是碰上了非攻陷不可的男性時，我會配合他的類型調整每一個階段，但還是會一直注意著階段的存在，直到抵達第6階段為止。

在第1章裡，我們已經介紹過如何打好達成第1階段「接觸」的基礎，以及可以在第1階段當中播下哪些種子。所以妳應該已經可以和他展開一段對話了。

而第2章要介紹的是第2階段「讓他注意到妳」，以及第3階段「讓他對妳有好感或有興趣」的播種工作。此外，還要介紹何謂「胡蘿蔔」。

那麼，現在有一個問題。到底是什麼樣的胡蘿蔔，能促使他把注意力放在妳身上，甚至無法不對妳感興趣呢？

這個胡蘿蔔就是男性想從女性身上得到的東西。正確答案有三個，請妳想想看是什麼東西吧。

1

2

3

答案就是名為**「尊敬」**、**「自由」**和**「安全」**的胡蘿蔔。這就是受人所愛的女性才會擁有的「魔法胡蘿蔔」。

在名為尊敬的胡蘿蔔當中，最有名的就是「讚美」了。不過，對於已經習慣進行不被人所愛的對話的妳來說，在給予對方讚美之前必須先給他另一根胡蘿蔔。

口說無憑。我們就來看一段內向的人經常說出口的對話吧。

他　「妳的飲料就快要沒了。我現在喝的葡萄酒很不錯喔！如果妳喜歡葡萄酒的話，要不要試試看？」

妳　「啊，謝謝。那我就不客氣了。好厲害喔，你很懂葡萄酒嗎？」

（送來一杯葡萄酒）

他　「怎麼樣？」

妳　「嗯，很好喝。真不愧是你推薦的。」

像這樣寫成文字之後，妳覺得如何？應該只有「嗯……」的平淡印象而已吧。
明明就有好好向對方道謝，而且也試圖運用葡萄酒的話題繼續聊下去，甚至誇獎了對方，但就是有某些不足之處。
如果是水希的話會怎麼做呢？

他　「妳的飲料就快要沒了。我現在喝的葡萄酒很不錯喔！如果妳喜歡葡萄酒的話，要不要試試看？」
水希　「哇啊，謝謝♪為什麼你會知道我正在煩惱下一杯要喝些什麼呢？真讓人開心。既然是你推薦的葡萄酒，那我就喝喝看囉。一定很好喝吧～真期待。」
他　「當然好喝啦～別看我這個樣子，我對葡萄酒可是很挑剔的。○×▽」
（送來一杯葡萄酒）
他　「怎麼樣？」
水希　「嗯～♪你推薦得果然有道理，真好喝！」

怎麼樣？現在覺得「這太誇張了」的妳要注意了!!妳一定要表現出這樣的高興程度，

男性才有辦法感受到妳的心情。

如上述對話中所示，**在妳給他「讚美」之前必須先給他的胡蘿蔔，就是表現出「愉快、開心」等心情的胡蘿蔔。**在記住一百句讚美對方的話語之前，內向的人還是先學會向對方表達「愉快、開心」的心情比較好。這麼做實際效果可是好上百萬倍喔。

順帶一提，當女公關收到客人的禮物時，就算那個禮物只是打高爾夫球時獲得的獎品，還是區區五百日圓左右的花束，都會刻意誇張地開心收下。

擔心「這麼做不會被當成是輕佻的女人嗎？」的妳也要注意了!!這只不過是胡蘿蔔而已。給予對方胡蘿蔔的時候，最重要的就是多給一點，最好可以多到需求量以上。

至於這麼做的理由，則是因為如果妳不先多給一點胡蘿蔔的話，之後就沒有辦法拿出棒子來打他了。所以這麼做是沒關係的。為了不讓之後的懲罰過於疼痛，就先多給他一點胡蘿蔔吧。妳可以想想在第19頁介紹過的「交換原理」。

順帶一提，每一個曾經和水希交往過的男性，都說他們想和水希交往的理由之一就是「因為水希吃飯時吃得非常津津有味」。吃飯時津津有味的開心模樣絕對是打遍天下無敵手。因為這個時候，男性其實有時會想像一些色色的畫面……。這就表示「愉快、開心」胡蘿蔔的效果絕佳。

話題有點扯遠了。那麼我就稍微再講解一些關於「愉快、開心」胡蘿蔔能夠發揮在他身上的效果吧。

當他看到妳在對話中表現出「愉快、開心」的心情時，妳覺得他的心情會是如何呢？沒錯，他也會變得很開心喔。他會心想「原來我可以讓她這麼開心」，進而了解到自己其實是個能夠取悅女性的人，力量自然隨之湧現。

因為從他的眼光來看，他會覺得「她認為我是個強而有力的男性」。最後，他會從妳身上感覺到「妳認為他是個值得尊敬的人」的想法，因此獲得滿足。

必須讓男性覺得他自己「強而有力」，這對男性來說是「禁忌的果實」。因為任何一個男人都會對尊敬自己的女性產生好感。

不過要是過於直接地用言語告訴對方「我很尊敬你」的話，男性反而會開始起疑。這一點之後會再詳述。所以剛開始只要表現出「愉快」、「開心」即可。只要多給他這種胡蘿蔔，妳和他之間的距離就會一下子縮短。

✧最好能夠朗朗上口的「愉快、開心」奇蹟咒語

「哇～真開心！」

「為什麼你會知道呢？」

「總覺得好高興喔♪」

「哇啊～」

「真好吃～」

「好棒喔～」

「好好喔～」

若能在說出這些話之前加上「謝謝」的話，「被愛程度」就會飆升得更高。

換句話說，這就是終極的奇蹟咒語。

「謝謝」＋「愉快・開心咒語」

請記住這個要領，放手活用吧！

竟然沒有人知道？讓妳坦然接受讚美的技巧

這次要給他的胡蘿蔔，是名為「接受讚美」的胡蘿蔔。

內向的人還有另一個共通之處，那就是都沒有給對方這根胡蘿蔔。雖然這件事其實只要稍微多下點工夫就可以做到，但這「一點工夫」可是能造成巨大的差異。換個說法，能夠受人喜愛的對話，實行起來其實意外的簡單。

最近幾年，「讚美」這個動作不再侷限於使用在戀愛關係之中，還能當成促使人際關係更加圓滑的特效藥，效果不分男女，廣受大眾矚目。

每個人都在使用這個流行的技巧。因為我們每個人都希望自己受歡迎。

在這陣熱潮當中，**除了讚美別人的技巧之外，接受他人的讚美同樣也是必備的技巧**。

可是到底有多少人真正注意到這一點呢？

在先前我們介紹的第2階段（讓他注意到妳）之中，必須讓他把注意力放在妳身上。

不過，要是妳做的事情和其他人一樣的話，就不可能吸引他的注意。

舉個例子，當妳被他稱讚的時候，會做出什麼樣的反應呢？

他　「妳的眼睛真的很漂亮呢。」

妳　「……呃。謝、謝謝。」

他　「妳的腦筋真不錯　or　工作能力真強。」

妳　「呃、沒這回事啦。」

他　「有沒有人說妳長得像佐佐木希？」

妳　「咦——我沒有那麼可愛啦。」

他　「妳穿衣服真有品味。飾品和服裝搭配得實在太完美了。」

妳　「沒、沒有啦。都只是些便宜貨而已，真不好意思。」

這些都是很常見的對話。不過這個樣子是不會受到歡迎的。

請妳試著把立場對調過來，想像自己是那個開口讚美的人。當妳開口讚美一個你覺得還不錯的男性時，想像一下「如果他也這樣回答我……」，妳就可以徹底了解到自己剛剛對他做了些什麼了。

事實上，**接受讚美所代表的真正意涵，是讓對方知道「能夠開口讚美他人的你才是真正值得尊敬的人物」**。

這時，要是妳被第1章提過的妄想上身的話，就只會用「與我有關的我的看法」來做出反應了。

所以，妳才會表示謙虛、否定，或是覺得很不好意思，沒辦法坦然接受他的好意。當他誇獎妳的時候，就是平時高自尊的男性努力要求自己對女性好一點、讓她們覺得心情愉快的時候。

因此，當妳對他的讚美加以否定時，也就是否定了他的努力。換言之，最後的結果其實等同於傷害了他的自尊心。這麼一來，妳不僅根本沒給他胡蘿蔔，反而是向他揮舞著帶有倒刺的棒子。

如果妳能擺脫妄想，並了解到自己的發言到底會造成多麼重大的影響，再練就以「與他有關的他的看法」逐步深入的技巧，相信妳就可以自行發現胡蘿蔔和棒子的不同之處。

他是賭上了男人的自尊來稱讚妳的。一旦妳能這樣想，妳的害羞之心就會瞬間煙消雲散，如此就一定可以坦然接受讚美。而這也正是給他胡蘿蔔的最佳時機。

那麼，就拿剛剛的幾個例子，來看看水希會怎麼回答吧。

他　「水希美眉的眼睛真的很漂亮呢。」

水希「哇！真的嗎!?　能獲得你的讚美真讓人開心♪」

他　「水希美眉的腦筋真不錯　or　工作能力真強。」

水希「謝謝。能被你這種聰明的人誇獎，讓我有點自信了。」

他　「有沒有人說妳長得像佐佐木希？」

水希「哇！我看起來有這麼可愛嗎？就算你這麼會說話，我也沒有東西可以報答你唷～」

他　「妳穿衣服真有品味。飾品和服裝搭配得實在太完美了。」

水希　「好高興喔。這還是第一次有人誇獎到我飾品和服裝的搭配呢。」

感覺如何？接受別人讚美時的公式就是**「道謝＋回以讚美」**。道謝這個動作具有表示「我認同你的努力」的效果，而回以讚美正好可以搔到他自尊心的癢處。

另外，由於男性總是希望他永遠都是妳的第一名，所以「你是第一名」這種稱讚更是效果絕大。

看看水希的回答，裡面出現了「能獲得『你』的讚美」、「能被『你』這種聰明的人誇獎」、「這還是『第一次』」等句子對吧。這就是在告訴對方「沒有其他人辦得到，你才是第一名，你是最棒的」。這個技巧其實是個祕技，說真的原本不想說出來的。收到這根胡蘿蔔而不被攻陷的男性，就連一個都不存在。

不過其中的一個例子「就算你這麼會說話，我也沒有東西可以報答你唷～」並沒有讚美回去對吧？這是一種當妳聽到實在太誇張不實的讚美時，利用玩笑口吻來回應的方法。

當對方硬是讚美妳的長相等等，讓妳找不到可以讚美回去的話的時候，不妨運用這個方法。

除了語句之外，順便也傳授妳如何用動作來給他胡蘿蔔吃的方法吧。當妳運用「愉快、開心」和「接受讚美」等咒語將心情傳達給對方時，其實也可以在妳的動作之中偷藏一些「胡蘿蔔」。

首先是妳的視線，**請筆直地望著他吧**。然而要是真的四目相交的話，又會給人一種可怕的感覺。若能看著他的眉心部位，應該就可以營造出最佳的眼神效果。

還有，大家對於視線都有一個嚴重的誤解。

一般戀愛教學書籍都會教大家「眼睛向上看著他的動作看起來比較可愛」，不過實際上來說，這樣是不好的。

因為一旦妳的視線是由下往上，就形成了「上下關係」。妳等於是向他送出「身分低下的我，想從您身上獲得好意的恩賜」的訊息，會讓人覺得妳沒什麼自信。

表示「愉快、開心」和「接受讚美」的真正意涵是在告訴對方：願意說話逗我開心的你真了不起、能夠勇於開口讚美的你實在了不起等等。所以卑微的態度並沒有辦法讓他感到高興。

如果不能讓他覺得「這位迷人的女性接受了自己的好意、對自己表示尊敬」，那就稱不上是胡蘿蔔了。**請把妳的視線調整到與他同高的地方**。

再來，為了讓妳說的話更有說服力，其實坐的位置也具有非常重要的意義。**請妳坐在他的正對面或是斜對面**，坐在旁邊是不行的。

人類有種傾向，會認為坐在正對面或是斜對面的人所說的話是真實的。要是妳沒有辦法告訴他「我尊敬你的心情是真實的」，就只會淪為一個阿諛奉承的女人。

另外，**請用比較慢的速度說出這些話**。因為人類是種很有意思的生物，對聽話者來說，如果妳用比較慢的速度說話，就會增加妳話中的可信度。

至於舉手投足方面，只要是肢體動作普遍較小的日本人，就沒有什麼特別能夠形成胡蘿蔔的行動，所以大可不必在意。

從他的正對面或是斜對面，以同樣的視線高度，仔細看著他的眼睛（眉心），慢慢地說出「哇啊~謝謝你，我好高興」、「好高興喔，能聽到你這麼說真的很高興」。只要妳辦得到，妳就可以讓他瞬間愛上妳。

只需這麼一點簡單步驟就能一口氣縮短妳和他之間的距離，妳又何樂而不為呢？

瞬間縮短兩人的距離！讓他感受到「自由」的談話能力

這一次，讓我們利用對話交給他「自由」這根胡蘿蔔吧。

相信妳也開始漸漸了解，對他說出一百萬次「我尊敬你」、「你好厲害」，這種做法不但沒辦法使對話繼續下去，也沒辦法讓妳從「其他眾多女性」當中脫穎而出，更別說是得到他的特別注意或是關心了。

妳有沒有過類似的經驗呢？當有男性總是很直接地對妳說「妳好可愛」、「妳好漂亮」、「我想保護妳」、「為了妳我什麼都肯做」的時候，他說得越多，妳在開心之餘，是否反而會想要確認：「他是說真的嗎？」

越是直接的表現，越容易讓人們起疑心，因而開始想要確認是不是真的。我們聽到他人的讚美時總會忍不住否定它，其原因就在於此。

「阿明真的什麼都知道耶！好厲害喔～」

「沒有啦。比我厲害的人還多著呢。」

「才沒這回事呢！我真的覺得你很厲害喔！」

「好吧，那麼就多謝妳的誇獎了。」

「……」

相信妳一定經驗過無數次類似的對話了吧。

談話內容始終流於表面，又因為找不到話題而開始焦急，再加上漸漸變得尷尬的氣氛，再再都讓妳覺得：「我果然不擅長說話，再這樣下去一定會被認為是個無趣的人……。」妳平常的「負面連鎖」開關從此開啟，約會也就這麼在沉悶的氣氛下結束。

然而，若是使用了「讓對話繼續的技術」，妳只需要按照技巧所示來進行談話，談話自然會很神奇地熱絡起來，而且還能讓他莫名感覺到「如果和這個女孩交往，說不定能讓我感到十分自由」。

這個**「說不定能讓我感到十分自由」其實就是最大的重點**。必須讓他若有似無地感受到這種「自由」，就是這個方法的訣竅。

這裡所說的「自由」到底是什麼意思呢?其實它是指說起話來沒有負擔、不會有壓迫感的意思。

在這個段落裡，我將會告訴妳如何學會「在談話中使對方莫名感到自由的技術」。用技巧這個說法其實有點誇大，簡單來說，就是只要讓他在談話時感受到「和她在一起，我可以說出自己想說的話」即可。這就是所謂的「讓對方感到自由」。

因為這些話都是他自己想說的內容，所以談話不但得以延續，還會自然而然地熱絡起來。反過來說，如果是妳自己彆腳地提供他可能感興趣的話題，妳提供得越多，談話就越難持續下去，而且也不可能熱絡起來。內向者經常會像這樣唱獨腳戲，但這樣做完全無法縮短兩人之間的距離。

所謂能夠縮短彼此距離的談話，是從他想說的話題當中想出問題並發問，聽了他的回答之後，再從中想出其他問題繼續發問……然後再三反覆上述流程。

像女公關這樣的說話專家，她們在每天晚上接待客人的談話當中所進行的，其實就只有這一件事而已。

妳也可以掌握這個「讓他感到自由、縮短彼此距離的發問技術」。為此我必須先教給妳「從他說的話當中找出線索的技術」，這樣才能發現他真正想說的話題。

請妳先閱讀下面這段話，試著猜猜看他想說的話題到底是什麼。

他「最近每天都是超過十點才下班。雖然上班日總是累得要死，不過我還是想要做些什麼，來渡過下班之後的時間。不過絕對不可以是動腦的活動，畢竟在公司就已經用腦過度了，我想做一些能讓腦袋放鬆的活動。

所以我開始嘗試跑步。雖然在跑步的時候什麼都不必去想很不錯，可是體力方面實在有點跟不上。

現在我最熱中的就是職業摔角了。職業摔角就好像是一場秀，所以才有趣。演出方面雖然有點蠢，不過就是那一點好啊。

至於假日的時候，我會去玩生存遊戲。生存遊戲也可以讓人全神貫注，實在是個好活動啊。」

各式各樣的話題都出現了對吧？真是讓人傷透腦筋。

選擇了「生存遊戲」的妳，我必須很遺憾地告訴妳，那是沒有辦法縮短妳和他之間的距離的。

因為那是他最後一個提出的話題，而且也沒有詳細的說明，所以妳才會以為那就是他想說的話題吧？不過這也是基於「與他有關的我的看法」所做出的反應。

首先，請先把焦點放在不斷重複出現的語句上。因為我們**總是會下意識地「重複說出」那些對自己很重要的事物**。

工作……………2 次
跑步……………1 次
職業摔角………2 次
生存遊戲………2 次

光看次數還是很讓人猶豫。這樣看來，生存遊戲似乎也說得通啊。不過妳先等等。只要妳再仔細分析一下他所說的話，就會發現還有一個重複了更多次的詞。

那就是「動腦」、「讓腦袋放鬆」、「不必去想」、「雖然有點蠢，不過就是那一點好」、「全神貫注」等和思考有關的語詞。總共出現了五次。

換言之，在這段話當中，他認為最重要的東西，並非放假時想要做什麼，而是「因為工作而用腦過度」、「想讓腦袋休息一下」。

這樣才是真正讀取到「與他有關的他的看法」。

在這個例子裡，他從對話開頭便明白地告訴我們，他「想做些什麼來渡過下班之後的時間」。因此，我們將「語句重複出現的次數」和「對他來說最重要的東西」合併考慮後，就可以知道必須優先提出來討論的話題是「職業摔角」。

此時，妳必須先詢問有關職業摔角的問題，觀察他對這個問題產生多大的反應。如果沒有什麼反應的話，下一個要問的問題就是「讓腦袋休息的方法」，然後再下一個才是重複了兩次的「生存遊戲」。

如果這樣還是不行，那麼下一步就要稍微貼近他的內心，也就是直接詢問和「讓腦袋休息」這件事有關的問題。

總結來說，**為了讓他在對話當中感受到自由，最重要的就是一邊摸索哪些是表面主題（職業摔角或生存遊戲）、哪些是深層主題（與他有關的他的看法。在此例當中是「讓腦袋休息」這件事），然後再詢問相關問題。**

任何一段談話都有其目的和意圖。在這裡，我們的目的是「用他想說的話題來讓談話持續下去」，而意圖則是「讓他感到自由」和「讓他知道妳了解他」。

其中，釋放出「讓他知道妳了解他」的訊息，正是談話中的一項大原則，請千萬不要忘記這一點，我在接下來的章節中也會詳細介紹。

可消除彼此隔閡的「問話規則」

相信妳已經知道，要縮短彼此距離的談話關鍵就是「傾聽的能力」。待妳學會這種傾聽方式後，接下來總算可以進行「詢問」步驟，讓妳和他的對話更加深入。

首先，請先針對「表面主題」加以詢問，並丟給他一點胡蘿蔔。

我們就用前一篇介紹過的談話內容來練習看看吧。在這樣的對話中，妳會問他什麼問題呢？

他「現在我最熱中的就是職業摔角了。職業摔角就好像是一場秀，所以才有趣。演出方面雖然有點蠢，不過就是那一點好啊。」

妳「　　　　　　　　　　　　　　　　　　　　」

他「說到摔角，　　　　　　　　　　　　　　　」

妳「　　　　　　　　　　　　　　　　　　　　」

他　「沒錯沒錯。而且，　　　　　　　　」

請妳想像自己是戀愛影集的編劇，試著和他進行一場模擬談話，想想看什麼樣的問題才能讓對話繼續下去。

妳想到了些什麼問題呢？

如果要用一句話來定義「讓談話逐漸深入」這件事，那就是「讓話題逐漸具體化」。以上述的例子來看，妳提出的問題必須能讓他像是實況轉播一般，說出他下班回家後開心地看著職業摔角的模樣與心情。

請運用下列四個規則，提出能夠讓他盡情談論自己想說的話題的問題吧。

✧規則 1　語言的意義並不是一樣的

妳說的「有趣」和他說的「有趣」所代表的意義並不相同。所以，當妳聆聽他說話時，請謹記這一點：他所說的每一個字詞，在他心中的字典裡的解釋，和在妳心中的字典裡的解釋是完全不同的。

我們人類之間的對話，其實都是用相當含糊不清的言詞在進行的。妳應該也會在談話當中大量使用類似「像是~那樣」、「有點~的感覺」、「還滿開心的」等等，會讓對方覺得「咦?實際上是什麼感覺?」的句子吧?

即便只是「有趣」這樣簡單的一個詞，妳也可以透過詢問究竟是何種意義的「有趣」，來讓談話內容更加深入。

更進一步來說，如果妳能按照這個規則小心地提問，甚至可以藉此了解他擁有什麼樣的價值觀。

✧規則2　把「情感表現」當成提示，讓他多說一點

在對話當中一定會出現許多用來表達情感的詞彙。世界上再沒有比這種情感表現更加曖昧、解釋更為分歧的東西了。

若妳發現他的敘述中包含這種情感表現，就要請他針對該部分更詳細地說明給妳聽。以這次的例子來看，因為他說了「職業摔角很有趣」，因此請以這一部分為重點加以深入詢問吧。

✧規則3　採用開放式的詢問方式

問題的形式必須是「開放式的問題」。不要只是侷限在「職業摔角有趣的地方在哪？」，而是用「可不可以再多告訴我一點有關職業摔角的事呢？」這類問句，幫他擴大回答的範圍。

如果在擴大範圍之後，對方回答的內容仍然不甚理想的話，再慢慢將詢問的焦點縮小。妳不可以一開始就聚焦在「有趣的地方在哪？」、「演出是什麼樣子？」等小範圍的問題上。**首先必須完全開放，讓他自由地開口說話。**

✧規則4　想要追問詳情時，請用「為什麼？」以外的疑問詞

當妳用「你為什麼會喜歡摔角呢？」這樣的句子來詢問理由時，對方會出現一種彷彿受到責備的感覺。

假設有一位妳不太感興趣的男性問妳「妳為什麼對指甲那麼講究呢？」，妳應該也會心想「你也管太多了吧？」同樣的狀況，在他還沒有對妳產生興趣前，就被妳追問「為什麼」的時候，他一定也會一邊想著「這哪有什麼理由啊？喜歡的東西就是喜歡啊」，一邊繼續跟妳對話。

這麼一來，妳就不是在給他名為自由的胡蘿蔔，反而是拿著棒子在打他了。**當妳又快**

把「為什麼？」這句話問出口時，請試著努力把它吞回去吧。

取代而之的是詢問「誰、何時、在哪裡、如何做、做了什麼」等問題，這樣反而可以漸漸了解他的本質。

既然妳已經知道了這四個規則，那麼我們就來深入研究剛剛那段對話吧。

妳　「原來如此。你工作一定很忙，所以才會這麼重視下班後讓頭腦放鬆的時光吧。可不可以再多告訴我一點有關職業摔角的事呢？」

他　「說到摔角，其實不是認真較量的比賽，而是寫好劇本的表演。」

妳　「欸～我都不知道。原來是表演啊。不過實際上應該有在打鬥吧？我實在想像不出來。你能不能再說得詳細一點？」

他　「沒錯沒錯，明明只是表演，但卻真的是硬碰硬的打鬥。雖然說是表演，不過當然不可能把所有細節都安排好。這些摔角手其實都是肉體派的演員啊。就像水戶黃門*那樣，會有一個老套的模式，整體上安排好好人角色和壞人角色那種感覺。光是這樣就可以悠閒地一直看下去了。」

妳　「喔～有一個可以悠閒看下去的老套模式。那這個模式有哪些具體內容呢？」

他「妳看，如果是認真打鬥的話，視線不就離不開畫面了嗎？而且還會讓人緊張兮兮提心吊膽地盯著螢幕。這樣的話馬上就會累了。可是如果是摔角的話，因為劇情都已經定好了，所以被摔的人其實只是在等待摔人的人對自己施展招式而已，很有趣吧。」

妳「咦？什麼意思？等待對方對自己施展招式？」

他「比方說現在美和妳打算踢我好了。如果是認真的打鬥，一看到妳做出踢人的準備，我馬上就會閃開，對吧？但是在摔角場上，摔人的人會打出一個明顯的訊號，告訴對方『我要出招囉』，然後被摔的人就會做出『放馬過來』的樣子，故意不閃開這樣。」

妳「喔～就是這種類似『漏洞』的東西，還有接下來就要出招之類的地方讓人可以悠閒地觀賞吧？如果還有其他類似的看點的話，可以告訴我嗎？」

他「摔角這種東西啊～」

感覺如何呢？

內向的女性尤其會有一種害怕提及自己不懂的話題的傾向。不過妳只要好好運用這四個規則，不懂的東西反而會讓妳產生興趣，也會比較容易想出新問題。

相反的，如果聊的話題是女性也會產生共鳴的電影，就很容易在不知不覺當中將話題帶到自己喜歡的領域上，所以比較危險。

我們再回頭看一下剛剛的對話。在整段對話稍微告一段落為止，能夠一直聊著摔角的他也非常心滿意足。就算妳對職業摔角根本沒興趣，他也會誤以為妳們兩個人很合得來。

這時，就稍微讓他心跳加速一下吧。

妳 「只是聽你這樣講解，好像還是搞不太懂耶。下次真想跟你一起看看。」

他 「欸？ 下次要一起看？」

妳 「話說回來，下班回來如果沒有摔角可以看的時候，你都在做什麼呢？」

因為妳的目的只是要稍微讓他心跳加速一下，所以請用「話說回來～」這個句子，再把話題拉回來。

這個「話說回來～」非常好用，在改變話題時，它可以把毫不相干的兩個話題變得看似前後連貫。不妨將它記住吧。

就像這樣，**要想縮短兩個人內心的距離，就必須讓他盡情地談論他想說的話題**。請利用這個方法，丟給他「說不定她能讓我感到十分自由」的胡蘿蔔吧。

即使妳完全不懂他想說的話題，那也無所謂。妳可以試著想想看：「咦？到底是什麼意思呢？」一旦對他說的話出現興趣，想要問他的問題也會自然浮現。

只要妳並不覺得自己好像已經了解了他想說的話題，對話就可以一直持續下去，和他之間的距離也會瞬間縮短。

＊編註：日本江戶時代水戶藩第二任藩主德川光圀的別名。以他為主角至日本各地除惡濟貧的民間故事，也通稱為「水戶黃門」。

順利進入他內心深處的說話術——胡蘿蔔與棒子

利用「表面主題」使對話熱絡起來之後，現在要學的就是如何導入「深層主題」，以順利進入他內心深處的談話技巧。

只要能做到這一點，妳就不只領先「其他眾多女性」一個頭而已，而是完全脫穎而出。換句話說，妳會成為一個「可以談論深奧話題的女人」。

這次的目標就設定為「變成較其他女性更勝一籌、可以談論深奧話題的女人」！接著就讓我來介紹水希在女公關時期使用的禁忌絕招。

女公關累積經驗到某種程度之後，獲得客人青睞這件事就會變得沒那麼困難，真正令人傷腦筋的是如何讓客人持續上門。

為了讓客人持續上門，光憑兩人間深刻的交情是不夠的。因為在男性「想為她做點什麼」的想法背後，其實都有一種希望被女性迷惑的渴望。因此，和單純包容一切的溫柔相比，他們對「有點危險的氣息」更是沒轍。

因此，我們必須讓談話當中飄散著一股危險的氣息。

關於這一點，已經閱讀到這裡的妳應該也很清楚才對。所謂危險的氣息，絕對不是直接說出「帶有情色意味的話語」所能散發出來的。而是靠著一種讓人覺得自己的心思說不定全被妳看透的「尖銳感」散發出來的。

請回想一下讓他喜歡上妳的「第3階段」的真正目的吧。真正的目的應該是「讓他對妳有好感或有興趣」。在這一個階段，妳必須運用深層主題進入他的內心，給他名為「安全」的胡蘿蔔；同時還要隱約展現出妳的「尖銳感」，輕輕揮舞著「危險」這根棒子。這麼做的理由是因為，人類一旦同時收到了胡蘿蔔和棒子，就會無法自拔地受到對方吸引。

如此一來就能確實地到達第4階段「讓他想要更加了解妳」。

到達第4階段之後，他就會想要多了解妳一點。所以反過來講，當他開始提出和妳有關的問題時，就可以把它當作是妳到達了第4階段的證據。

那麼，我就開始介紹如何將一段用表面主題炒熱的對話，轉移到深層主題上的方法吧。

請再看一次第80頁的談話範例。對他來說，深層主題是「因為工作用腦過度，所以想讓腦袋休息」。為什麼他會如此堅持想讓腦袋休息呢？妳難道不會單純地對這個問題感興趣嗎？

而且在後來的摔角話題當中，他也一直強調著「悠閒」這一點。於是，等到摔角競技的說明告一段落的時候，請妳問他這麼一句話：

「你似乎很重視『悠閒』這件事呢。對小祐來說，悠閒到底代表著什麼呢？」

他現在認為最重要的深層主題當中，潛藏著他的價值觀。先讓他盡情說出自己感興趣的事情，例如職業摔角和生存遊戲，然後再利用話中的空檔，問出比較尖銳的問題。

之前有說過，我們總會下意識地一再提及那些對自己很重要的事物，但是我們卻不會注意到自己一直在重複那個特定字眼。

因為妳注意到了那些連說話者自己都沒注意到的重要事物，所以碰觸到這個深層主題的問題才會顯得十分尖銳。

就算他後來回答「我也不太清楚耶」，這個問題也一定會讓他留下深刻印象，所以不必擔心。談話不太熱絡也無妨，只要馬上把話題拉回下一個主題——生存遊戲就沒問題了。

假設他現在開始說起有關深層主題的內容了。這時候妳不可以只是認同他的話，而是要不時穿插一點自己對於這個深層主題的想法。

大概就像下面這個例子所示。

水希1「你似乎很重視『悠閒』這件事呢。對小祐來說，悠閒到底代表著什麼呢？」

他「這麼說吧，與其說是重視悠閒這件事，不如說我討厭人生當中只有工作。我期許自己努力工作，也想提升工作成果。可是一整天下來只有工作，不覺得這樣有點空虛嗎？」

水希2「說得也是。雖然想好好工作，但是卻不想變成一個只知道工作的工作狂。意思是說不是工作狂的自己就是悠閒的自己嗎？」

他「工作這回事，就是被綁在層層疊疊的限制之下，必須360度全方位地繃緊神經。如果下了班還要維持這種感覺，那真的很累人啊。所以我可能只是單純想要放鬆而已。」

水希3「看來小祐的神經一直都繃得很緊呢。我也算是滿繃緊神經工作的，說起來，我可能也很自然地會讓自己放鬆了吧。」

他「可是對我來說，我讓自己放鬆的目的，可能到頭來還是為了隔天的工作吧。搞不好所有的一切最後都還是為了工作才做的。」

水希4「就現階段來看，小祐的最優先事項應該是在工作上獲得成就吧。」

他「嗯，的確是這樣沒錯。本來以為自己是在抱怨工作太辛苦，結果最後還是為了讓工作成果提升，才做這些消遣的。」

水希5「這樣看來，你喜歡上的活動不是跑步而是職業摔角，多半也是因為這個理由吧。」

他「可能吧～。我應該不是單純想要放鬆，可能同時也在作戰鬥準備吧。感覺似乎可以藉此更振奮起精神面對隔天的工作。」

雖然要妳提出尖銳的問題，但重點在於必須「若有似無」。基本作法是小心意識到「傾聽技術」和先前提過的四個「問話規則」，再繼續談話。此時只要避免違反第1章提過的「對話的四項原則」，稍微洩漏一點和自己有關的資訊即可。

現在就來逐項說明水希用了哪些技巧吧。

「水希2」先濃縮了他的話。接著在面對他的問題時作出了「悠閒」的定義，並刻意問出比較難以理解的問題：「不是工作狂的自己就是悠閒的自己嗎？」這個就是故意猜錯的技巧。

至於為什麼要這麼做，是因為如果妳一直表現出妳很能理解對方的話，這麼一來在不知不覺當中，就會變成以自己的步調在主導這段談話，而非按照他的步調。所以這時必須故意猜錯。

在妳還沒有習慣之前，有可能會真的猜錯。不過，從「由他來主導對話」這層意義上來看，不管是有心還是無意，這樣的錯誤都可以帶來絕佳的效果。

他會因為對方還沒有完全理解他的意思，所以再次對他心中所想的「悠閒」加以說明，而「我」也會因為這次的說明，比之前更加了解他所謂的「悠閒」究竟為何。

換言之，**若是妳提出了快要正中核心的「好問題」，反而會沒有辦法更進一步了解他**。

所謂對話，就是一邊觀察對方的反應，一邊逐步逼近「確信無誤」的過程。因此妳並不需要試圖一個人獨自進行，而這也不會是單純的一問一答。因為對話應該是兩個人的共同作業才對。

而「水希3」則是將他的話濃縮整理之後，再強調自己也和他一樣，下班後的時間總是悠閒地度過。

此時為了避免違反「量的準則」，只要稍微點出自己也在做同樣的事即可。同時為了避免違反「關聯準則」，也只要讓他知道自己在工作時同樣緊繃、下班後同樣悠閒度過。

不擅長說話的人總會在這個時候違反量的準則和關聯準則，說出一堆對方根本不需要的資訊，例如自己會點香氛蠟燭、會去做瑜珈、會在假日好好睡一覺之類的。然而一旦違反原則，談話內容就不再是他想說的話，而變成是妳自己想說的話了。因此一定要多加留意。

「水希4」如果再進行單純的濃縮整理會令人感到厭煩，因此換了個說法把他話中的重點加以彙整。透過妳的重點彙整，妳可以看見對話中的他更加注意到了自己內心的煩惱，甚至激發出了他的幹勁。

「水希5」則是再次拋出了職業摔角的話題，確認他到底有沒有把自己想說的話全部說出來。從他的回答當中，可以發現他已經不再理會職業摔角這個話題，而將注意力轉移到了工作方面。

只要能像這樣深入他的內心，就可以自然而然地獲得極為重要的資訊。也就是說，妳可以藉此得知他現在的最優先事項是什麼。畢竟妳選擇的話題是他內心深處的重要主題，所以這也是理所當然的結果。從這個對話範例的走向來看，可以知道「他」的最優先事項就是工作。

妳可能會覺得有一點困難。不過不必擔心，只要妳能在深層主題上提出夠尖銳的問題就沒問題了。接下來只要讓對話當中飄散著若有似無的危險氣息即可。

在這個任務中，有90％是要**對對方表現出深刻的理解、給予對方名為安全的胡蘿蔔**。

如果能將對話維持到這個階段，相信他一定會對妳產生興趣，開始反過來詢問妳各種問題。

第 3 章

Save the Date Card

讓他想要
再見妳一面的鐵則

讓他出現「想再見一次面」的想法的三大條件

女公關的工作，就是日復一日地重複一項作業——讓男性一而再、再而三地興起「想要再見一次面」的念頭。該怎麼做才能讓男性希望能再和我見面呢……？我每天都在工作當中暗自摸索，最後總算發現了三個法則。

當然，心理學上同樣有許多法則可以讓人出現想要再見一次面的想法。但是，當妳置身在銀座酒店這個堪稱男女關係縮圖的實踐現場時，妳就會知道「絕對必要的法則」其實只有三個。

那麼，我們就一起來鑽研能讓他想要再見一次面的「三大鐵則」吧。

第1鐵則是「滿足他的利己動機」。

我們在與人交際時，基本上都是以獲取自己的最大利益為動機而行動的。在談戀愛的時候則是要逆向操作。如果妳採取的行動能讓他獲得最大利益，他的利己動機就得以滿足，自然會想要「再見妳一面」。

第2鐵則是「給予報酬」。

我們人類在擁有自私心態的同時，也會對給予我們報酬（利益）的人抱有好感。換言之，當妳採取了給予他報酬的行動時，他就會自動對妳抱有好感。

第3鐵則是「刺激他的互惠心理」。

我們的心中都有一個約定俗成的觀念，那就是必須報答那些給予我們報酬的人。因此，當妳採取了讓他獲得最大利益的行動之後，他就會對妳抱有好感，而且還會依照他所接收到的恩惠多寡來報答妳。最終結果就是出現「想要再見妳一面」的念頭。

如果想把兩人單純偶遇相識的狀況變成命中注定墜入情網的邂逅，只要好好理解這三大鐵則，努力讓他獲得最大的利益就可以了。

有些女性即使和前男友分手，也能在轉眼間交到新男友。

有些女性絲毫不浪費任何一次短暫相遇，輕輕鬆鬆就能找到新對象。

她們並不是魔術師，她們只不過是運用了這些法則，給予男方「最大的利益」而已。

這時妳可能會出現一個疑問：這麼說來「他的最大利益」到底是什麼呢？

在前兩章提升技巧的內容當中，應該已經出現過一些提示了。那就是「尊敬」、「自由」、「安全」三個關鍵字。只要把這三個關鍵字整合在一起，就可以發現他的最大利益到底是什麼。

對他來說，最大的利益就是「身為男性的欲望得以滿足」。

相信妳心中一定正在暗想「什麼啊，就這樣嗎？」不過絕大多數的女性、特別是戀情不順遂的女性，都誤會了「男性的欲望」這句話所代表的意義。

妳會不會是這麼解釋的呢？

只要為他全心奉獻就好，只要燒得一手好菜就好，只要成為治癒人心的存在就好，只要盡力照顧他就好，只要用無辜的眼神望著他、惹人憐愛地撒嬌就好……。

在充斥於這世界上的戀愛技巧當中，像這種完全背離男性的真正需求、只有女性才會相信、彷彿都市傳說一般的技巧，實在多不勝數。而一般人以為只要像這樣展現「女性特質」就能抓住男方的心，這個想法實在大錯特錯。

如果真的想要虜獲他的心，就要注意絕對不可以做出這樣的自我表現，而應該努力將他的利益最大化，滿足他的「男性欲望」。

換言之就是**不要把重心放在自己的女性特質上，而是要放在滿足他的「男性特質」**

上。因為對談戀愛來說，重點在於性別差異；而且這還是由社會所決定的，名為「特質」的性別差異。

那麼，何謂「男性特質」呢？

「特質」這個詞的解釋其實相當曖昧不清。它有性別角色的意思，而其中又可以分為兩種。

第一種就是普遍稱為「男性特質」、「女性特質」的意義。我們小的時候常常聽到大人對自己說的話，例如女孩子就要文文靜靜的、男孩子不可以這麼愛哭之類的要求都屬此類。

第二種則是在前述的「特質」之上，再加上生物學方面的男女差異所完成的「男性特質」和「女性特質」。例如男人不可以對女人施加暴力、女人不可以讓自己變成充滿肌肉的金剛芭比、胸部不夠豐滿就缺乏魅力等等，都算進這一類。

我在本書中要傳授給妳的、必須在談戀愛時使其滿足的「男性特質」，指的是後者。

而這也正是我稱之為「男性欲望」的部分。**所謂受人所愛的女性，就是相當熟悉「男性的欲望」，而且能夠大力撩撥的女性**。儘管這種身為一個男人的內心深處受人了解的感覺實在難以形容，但是對他來說，這種感覺會轉變成對對方的深厚信賴。

下一節，我們就馬上來學習滿足「男性欲望」的說話術，讓自己從「其他眾多女性」當中脫穎而出，讓他想要「再見妳一面」。

只要能讓他隱約感受到「這是一個能夠滿足我潛藏在內心當中所有欲望的女性」，妳就等同於已經登上「戀愛」這座高塔的階梯了。

看似若無其事，實則全力以赴，請努力深入他的內心吧！

運用「提升女人味的魔法咒語」讓他成為妳的俘虜

能夠在談話當中確實做到滿足「男性欲望」的必勝技巧就是「慰勞」。之前也強調過很多次，如果妳只是單純地「讚美」、「吹捧」，就算做了一百萬次也不可能抓住他的心。

但是話又說回來，銀座酒店內的對話基本上是以「好厲害」、「真不愧是您」、「喔～（聽到自己不知道的事而表示讚嘆）」這三句話所構成的。雖然客人也頗享受這些不成文的制式對話，但是如果妳無法為客人提供其他不同的樂趣，就沒有辦法成為真正的紅牌女公關。

實際上，現在來找我商量戀愛煩惱的客戶當中，約有八成的人是拼了命地讚美自己的心上人，但是卻沒有辦法讓清淡如水的關係更進一步。

相信妳已經注意到了。沒有立足在「滿足男性欲望」這個支點上的「讚美」，只不過是逢迎拍馬的客套話，再不然就是初次見面時約定俗成的老套對話而已。

男人到底希望別人讚美自己的什麼地方呢？

一句話，就是「自己努力展現出『男性特質』」這一點。這和我們女性在談戀愛的時候會更加注重自己的「女性特質」、希望獲得誇獎的感覺差不多。

到現在，不管是「男性特質」還是「女性特質」都是社會加諸在我們身上的束縛。活得像個大家閨秀固然辛苦，要活得充滿男子氣概同樣也不輕鬆。所以**男性才會希望別人對於「努力展現出男性特質，因而感到疲累的自己」**表示認同。

因此，當妳直接讚美男性「好厲害」的同時，若能順便加上「不過這樣一定很辛苦吧，您真了不起」這句表示慰勞的話，就能從「其他眾多女性」當中勝出。

在對話當中不時穿插「慰勞」，就可以讓談話內容不再流於老套。當他聽到妳如是說的瞬間，「她是真的了解我」的想法便會開始在他的心中萌芽。

單純地誇獎他「好厲害」，其實就和他的媽媽鼓勵他「要像個男生」沒什麼兩樣。對此男人只會覺得壓力沉重，然後越來越累而已。

男人骨子裡都是愛撒嬌的。但是他們卻被「男人一定要有男子氣概」這個制約束縛住，所以沒辦法輕易地向人撒嬌，或是找別人安慰自己。也因為如此，他們才會希望女性在人前人後都要小心注意不要做出傷害男性尊嚴的事。

由於這種「特質制約」具有個人差異，每個人會覺得難受的「男性特質」在程度上也各有不同。所以妳第一步要做的，就是從對話當中確實找出他到底背負著什麼樣的「男性特質制約」。

現在問題來了。下文中的男性到底是被哪一種「男性特質制約」給束縛住了呢？而妳又必須針對哪一點進行慰勞和讚美呢？請試著想想看。

聯誼時有個男性正好坐在妳旁邊。首先是在某間大型貿易公司工作的「阿衛」。

阿衛「為什麼妳沒有男朋友呢？剛分手嗎？還是妳防衛心比較強？」

妳「究竟是為什麼呢。其實我的防衛心也沒有很強呀。」

阿衛「男人怎麼可能會無視妳的存在呢。要不要和我交往看看？」

妳「　　　　　」

下一個是在大型銀行工作的「小猛」。

小猛「我一直在考慮是不是應該找個副業來做。現在這個時代，光靠一個收入來源是不行的啊。」

妳「　　　　」

這兩個例子裡真的有什麼需要慰勞的地方嗎？我想妳的心中應該多少有點疑問。但是，在滿足男性欲望的對話當中，運用「慰勞」來取代平淡的回應是非常重要的。

如果妳的回答是「原來是這樣，如此如此這般這般」，雖然可以讓對話持續進行，但是卻沒有辦法觸動到男性的欲望。妳留給他的印象頂多是個「善於炒熱聊天氣氛的人」，然後就沒了下文。然而，**要是妳把普通回應換成「慰勞」或是「讚美」的話，就可以搖身一變，成為令他難以忘懷的女性**。

那麼，阿衛是被什麼樣的男性特質制約束縛住了呢？那個制約就是「擁有影響眾多女性的力量，對女性十分溫柔，具備性方面的魅力，同時還擁有供養許多女性的賺錢能力。認為作為一個男人就必須主動追求女性」。

另一方面，小猛的制約則是「男人一定要提高自己的賺錢能力，並擁有即使在公司之外也能自力更生的男性冒險精神與存活能力」。

他們兩人都在無意識之中企圖維持社會環境教導他們的「特質制約」。因此即便是在這種小地方，也努力地展現出「擁有男子氣概的自己」。

第一步，就先針對他們的「制約」加以慰勞吧。

如果是我的話就會如此回答。

阿衛　「為什麼妳沒有男朋友呢？剛分手嗎？還是妳防衛心比較強？」

水希　「究竟是為什麼呢。其實我的防衛心也沒有很強呀。」

阿衛　「男人怎麼可能會無視妳的存在呢。要不要和我交往看看？」

水希　「和阿衛先生交往的話，似乎可以讓我變成一個好女人呢。因為在這些甜言蜜語裡還是隱約看得出你的包容心啊。該怎麼做才能讓像阿衛先生這樣的人喜歡上我呢？」

水希採用的做法，是故意把阿衛逢場作戲的獻殷勤話語說成「包容心」。此舉不只是把此事高高奉為偉業，還對他「一定要主動追求女性」的「特質制約」加以慰勞了一番。

除此之外，水希更透過「該怎麼做才能讓你喜歡上我？」這個問題再次強調阿衛是個好男人，並使談話繼續進行下去。

接下來，對象換成小猛。

小猛　「我一直在考慮是不是應該找個副業來做。現在這個時代，光靠一個收入來源是不行的啊。」

水希　「小猛真是與眾不同。其他人都是死命地抓住公司不放，很少人會認真去思考靠自己賺錢的方法。」

對小猛的回答就簡單多了。刻意加上一句「其他人都是死命地抓住公司不放」，就能傳達出「明明在公司裡立足就已經很累人了，還想要摸索出自己的生財之道，真是辛苦你了♥」的意思。

如此，想要從「其他眾多女性」當中勝出、**成為一個能夠維持談話不中斷且受人所愛**

的女性，妳的回答就不可以只有一句「好厲害」。

當然，為了保持談話的節奏，有時也會出現以「好厲害」、「真不愧是您」作結的情形。然而當妳隱約發現到他的「特質制約」的時候，就一定要仔細想想應該如何對疲於展現出「特質制約」的他進行慰勞，並且確實地表達出來。即使說得不好也無妨，他一定會對妳試圖安慰他的行動表示贊同。

男性特質制約是一種非常模糊不清的概念，從來沒有被人明文條列出來。因此我現在要介紹我自行發現的十個常見男性特質。過去在我當銀座女公關的時代，我也是一邊參照這十項特質進行對話，一邊撩撥男客人的心。

請把這十項特質時時記在心裡，讓自己不再錯過任何一個開口慰勞的機會。

■10 項男性特質

①有錢，會賺錢

②有名聲地位

③有力氣

④頭腦好（知識份子），擁有高學歷和高智商

⑤勇氣十足，富冒險精神，不受一般常識束縛

⑥有權力，有野心

⑦有影響力

⑧對女性溫柔，有扶養能力，對弱勢者也非常親切

⑨具有性方面的魅力，強壯

⑩有決斷力

等到妳能把「好厲害」、「真不愧是您」當成慰勞用詞表現得淋漓盡致之後，不妨試著把技巧再提高一點。

女公關時期的水希就是利用下面這個「魔法公式」，讓自己從其他眾多女公關當中脫穎而出。這個祕訣本來真的不想洩漏出來，但我還是比較希望妳和心儀的他之間能夠培養出真正的伴侶關係，所以還是告訴妳吧。

■慰勞「男性特質制約」的魔法公式

開心＋接受＋慰勞

舉例來說，就剛剛阿衛的情況來看，只要妳能這麼說就再完美不過了。

「阿衛先生竟然想跟我交往耶。真讓人開心，謝謝你。就算只是試著交往，好像也可以讓我變成一個好女人呢。不知道像阿衛先生這樣擁有非凡包容心的男性，會喜歡什麼類型的女性呢？」

這句話聽起來似乎有點輕佻，不過卻可以滿足所有的「男性欲望」，因此效果也是不容小覷喔。

被人所愛的女性如何磨練「發問能力」

談戀愛時所進行的對話，目的都是為了縮短兩人之間的距離。為此，我現在要教妳在「傾聽的技巧」上再添加一個變數，也就是加入自己的話的技巧。

我也是在學會添加這項α變數之後，回客率才出現了飛躍性的成長。不只如此，我還藉此累積了許多就算說了自己的事也不會受人討厭的經驗，讓我得以自「談話的恐懼」當中獲得解放。從此之後，我在私底下也能放心與人交談，出席人多的場合時也變得比較輕鬆自在。

這個α變數的內容大部分都是和自己相關的資訊或意見，不過對害怕被人厭惡的內向女性來說，實在很難把這些資訊和意見說出口。

的確，告訴對方過多的個人資訊確實容易受人拒絕或誤解，甚至出現對方洩漏妳的祕密、把妳的祕密當成是攻擊妳的武器等負面結果。

但是相反的，兩人的距離也會因此縮短。儘管失敗的恐懼並不是能夠輕易抹去的東西，但是還是要請妳一邊學習添加這個變數，一邊將恐懼逐步去除。

那麼，首先請妳記住，所謂對話就是一邊反覆切換妳和他之間說話者和聽話者的立場，一邊維持下去的東西。

開啟對話的技巧（第1章有說明過）、一邊切換立場一邊使對話持續的技巧、還有結束對話的技巧。在這三個技巧當中，內向的人一定有某些不擅長的部分。

至於何謂學會添加 α 變數？就是讓自己在施展維持對話進行的技巧時，能夠流暢地切換「說話者」和「聽話者」的立場。

除此之外，**為了成為讓人想要再見一面的女性，即使妳在一段對話中成了說話者，也必須小心不要從他身上搶走對話的主導權**。

那麼，首先我們就來看看容易發生在內向小姐身上的扼腕對話吧。

阿徹1「妳的工作是什麼？」

美香1「我是料理教室的老師。」

阿徹2「喔～原來妳很會做菜啊。那妳擅長什麼呢？」

美香2「稱不上是擅長，只是喜歡而已。」（不知道他喜歡什麼料理，所以沒辦法回

答啊）

阿徹3「下次也做給我吃吃看吧。」

美香3「嗯。」（不能趕快換個話題嗎？）

阿徹4「那妳假日的時候都在做什麼？」

美香4「我會和朋友一起去評價不錯的餐廳，然後還有旅行吧。」

阿徹5「妳是教人做菜的老師，一定知道很多菜色不錯的餐廳吧。」

美香5「還好啦……」（我不希望他認為我是個奢侈的女人，而且我該回答哪一間店才能提高他對我的好感呢？）

阿徹6「說到旅行，妳都去什麼樣的地方呢？」

美香6「很多地方我都會去……」（他對哪個地方比較有好感呢？）

妳難道不覺得真的很讓人扼腕嗎？

這並非一問一答的考試，但是還是有部分女性一聽到對方提出問題，就會把它當成「女朋友選拔測驗」來回答。

當他純粹是基於想要知道的心態而發問的時候，遵循對話的原則正確回答是非常重要的。同時，妳也要確實地意識到自己現在是站在「說話者」的立場上。

現在開始詳細解說吧。

面對「阿徹1」的問題，「美香1」確實遵照了「量的準則」、「關聯準則」和「方式準則」回答，所以沒有問題。

但是她卻忘了一個能讓對話熱絡起來的鐵則，那就是一邊發問、一邊摸索出能夠深入討論「和他有關」的事物的話題。畢竟美香現在的立場是說話者。

「我是料理教室的老師。那阿徹的工作是什麼呢？」

只要加上這句話，就能成功把話題轉到他的身上。

內向的女性總是很不擅長說到關於自己的事情。所以妳只要運用這種方法，一邊使話題轉移到他的身上，一邊加入一句轉換立場的α變數來控制對話的走向即可。

不過，就算我提出了這樣的建議，大部分的對話仍然會變成下面這個樣子。

阿徹1「妳的工作是什麼？」
美香1「我是料理教室的老師。那阿徹的工作是什麼呢？」

阿徹2「我在銀行裡擔任業務的工作。原來美香很會做菜啊。那妳擅長什麼呢？」

美香2「稱不上是擅長，不過我教的是日式料理。阿徹每天的工作不會很累嗎？」

阿徹3「還好啦，所有工作不都是這樣的嗎？話說回來，下次也做給我吃吃看吧。」

美香3「唔、好。你平常工作都是幾點下班的呢？」

這同樣也是非常讓人扼腕的結果。因為美香實在過於拼命將話題轉移到阿徹的工作上，導致她違反了「量的準則」、「關聯準則」和「方式準則」。不過更要不得的，就是她甚至連對方真正想聊的話題都沒注意到。

假設對方現在也同樣違反了對話的原理，妳會做出什麼樣的推測呢？妳一定會猜想他不想談論工作上的事，或者是他不想再繼續這個話題，或是擔心自己是不是問了什麼令他難以啟齒的問題等等，因此開始變得不安起來。

我在第1章就有提過，一旦違反了對話的原則，聽話者就會開始擅加揣測，所以他也一樣會感覺到妳可能在「隱瞞某些事」。於是談話就會變得窒礙難行。

總之，**重點就是一邊附和他想聊的話題，一邊把談話的方向調整到能夠獲得他的相關資訊的方向去。**

阿徹2「我在銀行裡擔任業務的工作。原來美香很會做菜啊。那妳擅長什麼呢？」
美香2「稱不上是擅長，不過我教的是日式料理。阿徹喜歡什麼料理呢⋯⋯⋯？」

就算沒辦法把話題切換到工作上，只要像這樣把話題切換到他在飲食方面的喜好即可。

因為對話的走向無法預測，所以必須隨機應變。不過換個角度想，這也表示妳隨時都有可能彌補錯誤。請回想起會話的四個原則（詳見33頁～），並依照原則加以修正，如此一來就能加深對彼此的了解，完成受人所愛的女性會進行的對話。

阿徹3「還好啦，所有工作不都是這樣的嗎？話說回來，下次也做給我吃吃看吧。」
美香3「說的也是，任何工作都不可能是輕鬆的嘛。你累的時候會想要吃什麼？喜歡吃什麼菜呢⋯⋯？」

這樣就可以將會話帶到他想討論的方向，同時也能收集到對方的個人資料。
覺得莫名地困難嗎？其實妳可以不必那麼拘泥於對話的原則。請再重新看一次最前面一則令人扼腕的對話內容中美香的發言吧。

這個時候的美香，在發言上有個明顯特徵，那就是自己在腦中自言自語的時間遠比和阿徹說話的時間要長得多。

當內向的人開始胡思亂想時，常會違反「關聯準則」，或是語意不清而違反了「方式準則」，或是回答得太少而違反了「量的準則」。

換言之，由於內向的人總是強烈希望帶給對方好印象，所以當對方問問題時，她們總是會不由自主地想要順著他的意思回答。但是光是自行揣測是不可能知道他的喜好的，只有開口詢問對方才有辦法知道。

如果內向的人想要嘗試添加α變數，只要把自己腦中的自言自語直接轉化成問題說出來即可。例如：

阿徹2「喔～原來妳很會做菜啊。那妳擅長什麼呢？」

美香2「稱不上是擅長，只是喜歡而已。」（不知道他喜歡什麼料理，所以沒辦法回答啊）

↓

美香2「阿徹喜歡什麼料理呢？」

只要像這樣反問一句話，再把阿徹回答的那一道菜說成是自己的拿手料理即可。這就是成功率最高的方法。

阿徹3「我非常非常喜歡吃咖哩。」

美香3「咖哩啊，我還挺拿手的喔。說到咖哩，有正統印度風味的咖哩和偏日本人口味的咖哩等等，各種種類都有，阿徹喜歡的是哪一種呢？」

阿徹4「我啊，其實比較喜歡印度咖哩。」

美香4「原來如此。你會比較喜歡印度咖哩是有什麼特別的理由嗎？」

阿徹5「其實我在學生時代曾經當過背包客，在世界各地旅行。去到印度的時候，～～～」

對話可能會發展成這樣也說不定。內向的人心中擔憂的事，其實經常是對話原理所要求的內容，因此妳只要放膽去問就可以了。只要在發問之前再確認一下是否違反對話的原則以防患於未然，這樣就可以瞬間提升受人所愛的對話能力了。

受人所愛的女性們自己可能都沒有意識到，她們其實只是忠實地遵守對話的原則來進行對話。正因為忠於原則，所以不但能使男方覺得相當自在，對話也得以持續進行。

要讓他出現「想再見一次面」的想法，其實是相當簡單的。與其耍一些小花招，還不如忠於原則進行對話，這才是受人所愛的女性的王道。

利用「思考相似度」使他感受到觸電般的命運

要想不著痕跡地縮短兩個人之間的距離，以能夠深入他內心的說話術最為有效。然而，為了讓他同時產生「想要再見一面」的想法，其實若無其事地運用無關緊要的對話來炒熱氣氛，也是非常有效的做法。

事實上，男性比女性更加不願意談論內心深處的話題。因此，**要讓他出現想再見妳一面的念頭，最重要的就是要把九成左右的談話內容都控制在不著邊際的事情上。**

如此一來，他會從妳的身上感受到所謂的「療癒感」，因而十分安心。

心理學的實驗結果指出，若是突然將內心深處的想法曝露給對方知道，反而會讓好感度下降。倘若是在男女關係之中，則很有可能會被認為是個「麻煩的女人」。

為了不讓自己被定位成麻煩的女人，請務必學會刻意不讓談話內容深入、並提高兩人「思考相似度」的說話技巧。

當我們在現實世界當中看見、聽見、感受到某事物，或是在考慮如何將該現實說明給對方聽的時候，都會下意識地優先使用某一種感覺。而所謂提高兩人的思考相似度，其實就是去迎合這個無意之間優先使用的感覺。

由於這種相似度屬於下意識，如果兩人在下意識中很合得來，就算不硬是強迫對方打開心門，妳也還是能夠貼近他的內心。

因此，當兩人的感覺相似時，談話就會自然而然地熱絡起來。即使對話的內容不夠深入，仍然可以讓他覺得「兩個人的想法十分相似」。

我在進行心理諮商時，接過無數關於戀愛煩惱的案例。其中最讓我深刻體會到的，就是即使已經完美地記住各種技巧和說話術知識，仍然有許多女性客戶苦惱於無法順利和男性對話。

她們到底是哪一方面出了問題呢？

客戶　「我在某個讀書會上認識他，後來約了一起出去吃飯。就在三天前，我和他一起吃過飯了，可是對話完全熱絡不起來。我明明就那麼努力練習，也和老師學習了這麼久……。我果然還是沒辦法變成一個會說話的人吧？」

水希「能不能麻煩妳更具體地告訴我，妳們的對話是如何進行，還有熱絡不起來的情形到底是如何呢?如果妳不介意的話，也請告訴我兩、三個妳們聊的話題。」

客戶「他說的話，大概就是他星期五在健身房裡運動了一小時、每天會跑步五公里、舉辦午餐聚餐的中餐廳的大閘蟹很好吃，還有這個星期買了三本左右的新書之類的。

那時我心想，要是能夠把談話內容深入到他的價值觀上，他應該就會喜歡上我，所以我就試著詢問他持續鍛鍊自己體能的意義何在，還有喜歡哪一個作家等等。

不過，他卻沒有給我什麼認真的答覆，還是一個勁地討論哪邊的某某餐廳好吃……。我開始漸漸覺得，就算延續這種無趣的對話也毫無意義可言，感覺相當無聊。結果他看起來也昏昏欲睡，好像很悶的樣子。」

在我反覆聽過無數次類似的說法之後，注意到一件事。這麼說實在相當無禮，不過她們都太過「焦急」而且過於「隨意」了。

進行深入的會話，例如和他討論他的信念和價值觀等話題，就某方面來說的確可以抓住他的心，但是對於不擅長談戀愛的女性來說，這個做法則有點「強人所難」了。

之前我也提到，男性比女性更加不願意談論內心深處的話題。因此在男方主動提起類似的話題之前，最好還是慢慢來比較妥當。

但是不知為何，就是有許多內向又不太會說話的女性，會硬是把話題帶到那個地方去。

剛剛提到的那位客戶就是這樣，明明對方的反應不佳，卻還是堅持要聊深入的話題。到最後，就會根據「自己的看法」下判斷：「我開始漸漸覺得就算延續這種無趣的對話也毫無意義可言，感覺相當無聊」，並斷定對方的話題十分無趣。

這種用自己的價值觀評斷對方的做法，不僅偏離了我們原本想「用對話讓對方感受到自由」的目的，還會讓人感受到束縛、武斷和偏見。

假設妳和他一起用餐約會的時間為三個小時。**「深入的對話」只要占其中的十分鐘便綽綽有餘了**。所謂十分鐘就好的意思，就是只要談論一個主題即可。在兩人真正成為情侶之前，不需要聊比十分鐘更長的時間。

一步一步地突破藩籬，這也是讓戀情熱烈長久的祕訣之一。

接下來我還有一件事想告訴各位，就是**男性十分重視所謂的「理由」**。男人這種生物，如果沒有一個「和她連絡的理由」，就不會主動傳簡訊或打電話連絡。因此，要想讓他出現想再見妳一面的念頭，也需要有一個讓他可以主張行動正當性的「理由」。

會讓男性想要「再見一次面」的理由，大致上有下列幾項。

①想要和她再見面聊聊，多了解她一點。想要知道自己為什麼可以這麼放心地和她說話。也想和她多聊點自己的事，讓她也能更了解自己一點。好像可以漸漸和她彼此理解、心靈相通。

②這女生感覺好像很好搞定。再多見幾次面應該就可以成事了。

③哎，就再見一面看看情況吧。第一次總是比較緊張。她也挺符合我的喜好，而且感覺上我們喜歡的東西似乎挺相近的。

大家應該都不會希望他是因為理由②才和妳再次見面吧。所以請努力在他的腦中製造出理由①，不然至少也要讓他心懷理由③。如此一來在第二次見面時，兩人變得更親密的可能性就會大大提高。

因此，為了幫他製造出理由①或是理由③，此時要刻意進行略偏表面的對話，藉此充實兩人之間的關係。

接下來要登場的三個人：阿隆、一也和大介，他們的興趣都是旅行，而且都談論了有關旅行的話題。水希會一邊配合他們的想法、提高彼此的「思考相似度」，一邊進行對話。

水希回答時會注意到哪一個重點呢？請一邊思考這個問題，一邊閱讀下去吧。

阿隆　「我總是騰出時間，好看遍世界各地。觀賞其他國家的風情實在是最棒的享受了。」

水希　「能夠到全世界旅行、飽覽各地美景，的確是至高無上的享受。我想你應該見識過各種新奇的事物了，有沒有什麼觀賞的重點呢？」

一也　「我也很喜歡旅行。去到國外，不是可以大量聽見平常不熟悉的語言嗎？這樣立刻就會注意到自己現在在這個地方是外國人了，立場瞬間顛倒過來。只要聽見不同國家的語言，自己的思想彷彿也會跟著延展出去。」

水希　「一也是因為聽到外語的當下所感受到的新鮮感，才體會到了國外旅遊的魅力啊。你比較喜歡哪一國語言的發音呢？」

大介　「果然還是降落在機場的瞬間感受到的氣味、光線和溫度之類的事物，所帶來的感覺最吸引我。每個國家的感覺都不一樣呢。轉眼間就變成不同於國內的氣氛，可以自己實地感受，而不只是聽人口頭說說。這才是專程到國外旅遊的意義所在啊。」

水希　「就是說啊～。用感官去接觸異國文化，這件事雖然難以對外人說明，不過應該比較容易說服自己吧。你喜歡哪一個國家的感覺呢？」

面對這三個人，妳是不是都用同一套說詞來回答他們呢？

「你的興趣是國外旅遊啊。你至今一共去過哪些地方呢？」

這就是沒有考慮到「思考相似度」的典型壞例子。實際上，不只是妳，有很多人都是這樣回答。要是這樣回答之後還有第二次見面的機會，幾乎可以算是奇蹟了。

那麼，要說水希在前面的對話範例當中，為了提高彼此的「思考相似度」做了些什麼，其實就是**不更動對方使用的語句或說法，以此維持談話的進行**罷了。

我們都會下意識地使用自己偏好的語句。舉個例子，阿隆就是偏好使用「看」這個字的人。他使用的並非「喜歡旅遊世界各地」、「興趣是國外旅遊」、「喜歡到國外去」等句子，而是「看遍世界各地」。因此水希才會做出「能夠到全世界旅行、飽覽各地美景，的確是至高無上的享受呢。我想你應該見識過各種新奇的事物了，有沒有什麼觀賞的重點呢？」這樣的回答。

不要變換說法直接使用，這種做法有兩個優點。

因為對方用的是自己習慣使用的語句，所以對方所說的話頓時變得容易理解。同時也會覺得對方擁有和自己同樣的感受，價值觀也相近，應該相當合得來。

即使之後的對話中斷在「我會注意看各地的建築物」，阿隆心中仍然會留下「深刻的親近感」。

接下來讓我們用相同的觀點，來檢視一也和大介的對話吧。

很顯然的，一也喜歡的詞語是「語言」和「聽」。這個類型的人對與聲音相關的事物非常敏感，所以重點就是比照使用能夠聯想到「聲音」的詞語，對他的發言做出回覆。

大介屬於慣用「氣味」、「光線」、「溫度」、「感受」、「感覺」等詞彙的類型，因此在回答時也要多用和「感覺」一詞互通的詞彙，如此一來「思考相似度」就會提高。

阿隆、一也和大介三個人，可說是各自屬於「視覺」、「聽覺」、「感覺」三大類型的人。

事實上，我們都屬於這三大類型當中的其中一類。妳也一定屬於其中某一個類型。當妳覺得自己的類型和對方相符時，就算彼此沒有深談，也會認為「這個人真好聊。可能是和我價值觀相近的人」。會出現這種想法的時候，絕大多數都是「思考相似度」吻合的時候。

請試著注意對方使用的詞語是屬於哪一種類型，再使用提高「思考相似度」的技巧。這種「拉近思考相似度」的技巧，會在對方的下意識中發揮效用，所以具備和讚美等值的效果。

至少這個方法一定比妳說出一百萬次「我們很合得來呢」、「我們喜歡的東西都一樣呢」來得有效許多。

請一定要熟練這項技巧，讓他產生「想要再見一面，好好加深彼此的關係」的想法！

讓他想見妳想到難以自拔的「魔法咒語」

在讓他出現「想再見妳一面」想法的重點當中，有一點是依照男性特質的制約，製造「見面的理由」對吧？如果想要讓他想見妳想到難以自拔的話，不妨再提供三項資訊給他。

這三項資訊分別如下。

①證據　妳對他表現出的好感都是真實的

②評價　妳如何評價他、覺得他是什麼樣的人

③相配度　兩個人十分相配

其實，當我們認識了初次見面的人之後，第一件會做的事情就是蒐集這三項必要資訊。等到這三項資訊都具備之後，才會真正開始對對方產生興趣。

假設妳在聯誼會上被某位男性搭訕。

這位前來搭訕的男性，說著「妳真漂亮」、「妳的腦筋真好」、「工作做得真俐落」、「妳的想法真讓人佩服」之類的話來稱讚妳，表現出對妳有興趣的樣子。這時，妳難道不會想要確認他說的話到底是真是假嗎？

「這個人是真心這麼認為的嗎？」

我想妳應該會一邊這麼想，一邊確認他的發言是否合理、他對其他女性是用何種態度應對、他是不是真的贊同自己的想法等。

這些疑問，都會成為與①證據相關的資訊。

同時，妳應該也會試圖蒐集資訊，以了解對方是怎麼看待自己。就剛剛舉的例子來說，那位男性對「我」的印象應該是「漂亮、腦筋不錯、工作俐落、想法觀念和自己（男方）很合拍」吧。那麼他在其他方面又是怎麼想的呢？我和他相不相配呢？諸如此類，妳應該已經在用自己的標準確認這些疑問了。

其他像是覺得金錢觀念很重要的人，就會確認對方的金錢觀念；重視假日的休閒方式的人，就會確認對方放假時的休閒方式。這些行動其實就是在蒐集②評價、③相配度的相關資訊。

如此確認過所有的證據、評價和相配度之後，妳才會真正開始對他產生興趣。換句話說，在「確認對方到底適不適合自己」的資訊蒐集完成之前，我們是不會對這個人產生興趣的。我們就是有這麼極端利己的一面。

而對方也是一樣的。所以，要是妳一直都不透露這三項資訊的話……相信妳應該已經知道會發生什麼事了。狀況會變成無論妳們聊得再久，他「都不會真正對妳產生興趣」。

如果從兩人相遇到讓他喜歡上妳的六大階段（詳見63頁）來看，就是一直在第2和第3階段來來回回，無法前進到第4階段「讓他想要更加了解妳」的狀況。

大部分內向的女性都會死命強調彼此的③相配度，卻忽略了也該把另外兩項資訊告訴對方。

也就是說，對方想要知道的必要資訊欠缺了2個之多。所以就算妳拼命誇獎對方、找出彼此的共通點來炒熱談話氣氛，也還是無法走到下一步。

現在，我就祕密傳授妳能夠一次把①證據和②評價這兩根胡蘿蔔交給他的「魔法咒語」吧。

這個魔法咒語就是**「誇獎『真正的我』」這個技巧**。

「沒有人注意到真正的我。其實真正的我應該是……」，相信不只是妳，每個人心中都有這樣的想法。

舉例來說，妳有沒有這麼想過呢？

「大家都說我是個心地善良的好女孩，但是真正的我明明就不只是一個『好女孩』而已……。」或者是「雖然大家都說我很堅強、很強勢，可是其實我很容易受傷……」之類的。

我們總是在他人的放大鏡，也就是在他們的獨斷與偏見之下被妄下評斷，內心因此受傷。

要是在這個時候，出現一位男性對妳說「妳看起來雖然堅強，不過妳其實是因為容易受傷害才故作堅強的吧。別再勉強自己了」，妳會有什麼感覺呢？應該或多或少會忍不住開始妄想「這個人是多麼了解我啊！要是他是我的男朋友的話……」之類的吧？

妳心儀的他，心中也一定抱持著某種「沒有人了解真正的我」的不滿之情。所以誇獎「真正的我」的效果是極為巨大的。而且這個做法還可以把①證據和②評價兩大情報同時告訴對方。

更棒的是，這個魔法咒語還有一個方便的「公式」可代入。

公式

「你看起來似乎〈表面上明顯可見的缺點〉，不過你其實〈與缺點完全相反的特質〉吧。」

例1 「我本來以為阿徹看起來好像很愛玩所以有點戒心，不過你其實相當誠懇呢。」

例2 「廣志先生看起來很冷漠，好像有一種除了自己以外誰都不相信的感覺，不過你其實是個非常溫柔而且勇於愛人的人吧。」

例3 「結城同學看似豪邁，不過實際上應該是個心思細膩又體貼的人吧。」

請代入上述公式，試著造出幾句「魔法咒語」吧。

前半段請盡量一針見血地明白點出「要是自己被這麼說可能會覺得有點火大」的缺點，然後再在「不過你其實～」這一句大力吹捧他。這種「谷底反彈」的效果一定可以大為撼動他的心。

「她看見了真正的我。這女孩怎麼會這麼厲害呢？好想再多了解她一點。」

當妳成功讓他這麼想的那一刻，就要結束妳和他之間的對話，把他能夠更加了解妳的機會保留到下一次的約會。如此一來便成功製造出他非得再見妳一面不可的理由了。

只要能夠成功運用這句「魔法咒語」，男方無論如何都會想要約妳見面的。這時不妨在最後追加釋放一個訊息：「只要你開口邀約我都ＯＫ，所以不必擔心」。

「魔法咒語　＋　希望能在近期內再和你見面」

這麼一來，就算是妳自己開口要求下一次約會，也一定可以得到理想的答覆；而他也一定會主動約妳的。

順帶一提，「魔法咒語＋想再和你見面」這套公式，**若能在兩人分別時用輕聲呢喃似的口氣在對方耳邊說出來，效果更是無與倫比**。因為人類對過於直接的話語會出現抵抗感，但是對耳邊的輕聲細語卻毫無招架之力，故能夠深入內心。

如果是在聯誼會上，妳可以試著在離席時一邊從椅子上站起來，一邊在他的耳邊低語。如果是在宴會、派對等需要站著說話的場合裡，可以在離開的時候用只有他聽得見的音量對他說。

不管妳們之前聊天時場子有多冷，只要能在最後一刻施展這一招，出現起死回生大逆轉的可能性高達99％。

在銀座的酒店裡甚至流傳著一句話：「迎人小心送人謹慎」，告訴我們最重要的就是在開始和結束時都必須極度小心，絕對不可以鬆懈、出差錯，如此一來客人就會想要再度光臨。

同樣地，談戀愛也是「能先讓對方有那個念頭的人就是贏家」，然後再慢慢培養之後的關係。絕對不可以太焦急，多給他一點「追求妳的時間和工夫」吧。

第4章

不帶任何
強迫意味的邀約技巧

若無「說服力」就無法攻克他的心

能夠發展至戀愛關係的對話，其實和「行銷與宣傳」有點類似。

為了進行下一次的約會邀請、或是為了讓告白順利成功，妳必須先充分做好與他相關的研究，然後再根據這些研究採取相應的自我宣傳策略。要是未能完成策略規劃就行動，妳就只能完全仰賴偶發機率來期待理想的結果發生。

話雖如此，但是仍有許多女性十分排斥將純粹「喜歡」一個人的心情和策略扯上關係。

然而，本書其實已經刻意把戀情當中那些曖昧不清的部分盡可能去除，然後再加以介紹。

這麼做的理由，是因為男女之間的現實關係絕對稱不上輕鬆有趣。可是當男人和女人都選擇無視這錯綜複雜、糾纏不清的現實，只顧著追尋自己理想中的戀愛時，男女之間的鴻溝就會越來越深。雙方都對那些已經成為都市傳說的戀愛技巧和神話深信不疑，讓原本應該順利發展的事情變得不順利，這就是目前的現況。

要是妳真的喜歡他、真的想和他攜手共度一生，我想妳自然會試圖打聽有關他的事，也應該會誠實不諱地說出有關自己的事。

但是在現實生活中，人們總是會因為一些負面思考，例如「要是被討厭的話？」「要怎麼做他才會喜歡我？」「對自己沒自信」等，還有「恐懼」的情緒所影響，最後變得畏畏縮縮起來……。

我們常說的「內向」，指的是一個人心緒朝內的狀態。因為心緒是面向自己，所以就會「以女人的看法來看男人」。如此一來當然不可能做到「以男人的看法來看男人」。換句話說，妳的眼中只看得到自己，判斷力自然變得遲緩。

的確，奔騰澎湃的感情是無法抑制的。但是妳可以自行決定如何表達自己奔騰澎湃的感情。

不妨這麼想吧？**妳是為了讓自己在表現感情時能夠促使戀情更加順遂，所以才進行行銷和宣傳的**。這麼一來，和他聊天這件事似乎就沒有那麼恐怖了，對吧？

因此，妳必須事先做好萬全準備、調整好自己的狀態——開口和他聊天的那一刻，必須懷抱著「安心感」。

這時可從「策略執行」的角度，依照步驟逐步進行妳和他之間的對話。

因為面對新戀情就像是瞎子摸象，所以恐懼感才會更加嚴重。到目前為止，妳就像是在伸手不見五指的鬼屋裡，走過一個又一個的房間。所以妳會害怕、會無所適從。

「看不見」是一種巨大的恐懼與不安，會讓妳的內心更加內向。

那麼，要是我們在鬼屋裡面打開電燈呢？這樣妳還會害怕嗎？肯定一點都不怕了對吧。

而在戀愛當中「打開電燈」，指的就是讓妳清楚看見「妳受他所愛」的這個終點，以及走向這個終點的階梯。

從第4章開始，我們會從只是「單純讓對話繼續」提高一個等級，讓大家學會「宣傳的技術」。首先，我想先介紹宣傳技術當中的「說服」說話術。這是比較高段的技巧。

為什麼說服說話術是必要的呢？

所謂「讓他覺得自己喜歡妳」，可以解釋為他對妳的態度和採取的行動，從「普通朋友」的等級轉變成「特別的女朋友」。

換言之，從初識到發展成戀愛關係的過程，其實就是從原本毫無興趣「轉變成」懷有戀愛感覺的過程。這和「說服他」的過程是相同的。每一個說服的過程都必須有其對應的策略，而這個策略就是行銷和宣傳技術。

因此，我必須先請妳捨棄一個關於戀愛的都市傳說。

那就是**為了讓他最後下定決心「喜歡上妳」，妳必須提供舉止或身體接觸等「非語言」方面的訊息**。事實上，**這些訊息幾乎派不上任何用場**。

因為說服這件事，只能用語言來進行。

現代社會當中謠傳著許多號稱能讓妳的戀情絕對順遂的免死金牌，例如「視線由下往上盯著他看」、「身體接觸」、「噘嘴巴」、「小惡魔般的○○」等技巧。我勸妳就別再蒐集這些免死金牌了。並不是說噘著嘴巴比較好，只是因為剛好有很多男性喜歡上戶彩小姐而已。而且也不是因為身體接觸發揮了效果，而是因為先前所說的話扮演了重要關鍵。

倘若妳學會的不是那些膚淺的技巧，而是說服說話術的話，妳就可以獲得意中人的愛。所以請別再盲目跟隨潮流了。

從第 4 章開始，語言的力量會變得益發重要。對內向的人來說，「發言」可能是一件恐怖的事。但是如果妳一直猶豫著不發言，就算等到天荒地老，妳渴望的戀情都不會實現。

我們馬上就來磨練對話之中發言的力量。

首先，請妳先記住下列三個階段。

■第1階段——仔細聆聽並理解對方發言的語言之力。也就是聆聽的階段。

■第2階段——一邊傾聽一邊表達自我的語言之力。也就是到第3章為止的所有技巧。

■第3階段——使對方改變態度和行動的語言之力（說服）。

最終階段的說話術「說服」，這是一個帶給別人非常多誤解的詞。

絕大多數內向的人都認為，「說服」就是「硬是讓對方接受」。不過真正的「說服」是不會讓對方出現抗拒感的。**他會一邊接受一邊喜歡上妳；或者說，我們要讓他憑自己的自由意志決定對妳懷抱戀愛的感覺**，這就是戀愛當中的說服。

妳的目的是以對話讓他喜歡上妳，但是他卻認為是憑自己的自由意志決定喜歡上妳，這就是戀愛對話當中的說服技術。

因此，先前反覆強調的「與他有關的他的看法」的研究就顯得無比重要。戀愛對話當中的宣傳，和單方面進行的廣告（Commercial）和發表（Presentation）是完全不同的東西。妳必須在他的腦中、用他的語句，大量宣傳關於妳的事。

我在第3章介紹過提高彼此的「思考相似度」對吧。一旦拉近了彼此的思考，「妳」就能進入他腦中的脈絡。如此一來，他就會比較容易了解妳，接受妳也是必然之事。這就是戀愛當中的宣傳。

為了要成功邀請他約會，此時妳必須稍微確認一下。妳確實調查好下列「與他相關的訊息」了嗎？

①他心中深信的男性特質制約（參照113～114頁）
②他的工作狀況
③他的生活作息
④他的興趣

如果妳已全部研究透澈的話，成功約到他的可能性便相當高。沒有完成的項目越多，困難度就會隨之升高。畢竟妳沒有研究透澈，成功機率降低也是理所當然的。

如果無法從他身上獲得相關資訊的話，也可以試著在他的周遭收集資訊，盡可能地讓自己的研究完整無缺。

下次見面的邀約，一定要在初次見面時進行！

在我進行諮商的時候，時常會聽到女性客戶詢問「我想趁我和他在用簡訊聊些無關緊要的話題時，邀請他出來約會……要怎麼開口比較好呢？」

相對的，多數男性客戶詢問的則是「我想邀她出來約會，什麼樣的店比較好呢？」光看約會這一點，就可以知道男女思考的方式大不同。

就讓我們以男女的相異之處作為大前提，介紹一下「邀約的鐵則」吧。

■約會邀約的鐵則　其1

下次見面的邀約不可以用簡訊進行，一定要在初次見面當天完成

女性對於簡訊總是相當執著。有不少人都拼命地想要靠著簡訊來加深與對方的關係。

然而，要是妳也覺得可以靠著簡訊來加深關係、進而和他出門約會的話，請現在立刻捨棄

這種想法。

因為**對多數男性而言，簡訊充其量只是一種連絡事情的手段而已，他們從來不把它當成加深兩人關係的工具**。

女公關們為了業務上的目的邀請客人吃飯時，總是會送出各式各樣的簡訊。但是除非客人自己也有那個意思，否則幾乎全部都會被忽略。結果通常都是靠著死不放棄的糾纏功夫才成功，非常累人。

然而，要是可以趁兩人見面時就先約好下次要再見面，即使客人知道這是業務所需，反應仍然會有所不同。此外，若在這之後再傳決定日期的簡訊給對方，客人們也大都會確實回覆。

其實我們人在面對邀約等請求時，要是發現對方拐彎抹角、或是態度太過客氣的時候，都會覺得「這個邀約對自己沒什麼好處」，因此會傾向拒絕。

當然，女公關的業務簡訊原本就是弊大於利，所以基本上客人都會刻意迴避。同樣的狀況也能套用在一般的戀情上。

因此，要想從初次見面時自然而然地延伸出接下來的發展，成功的關鍵就是趁初次見面的當下先安排好80％的約定。

在妳的日常生活當中，可曾有過「待會再做」的事情發展得非常順利的狀況？像是作業和必須提交的文件等非做不可的事情，越是拖延就越不想做，對吧？戀愛也是同樣的道理。

而人的情緒又是活生生的，是會隨著情況改變的。要是沒能在當下好好掌握，之後就不可能掌握得到了。而且「之後再做」只會平白讓難度提高。

只要妳誠實面對「想要和他再見一面」的心情，就有辦法在兩個人的對話中安排一些約他再見一面的「小機關」。

這時，**會讓他想出門約會的魔法咒語就是「我們一起去吧！」**

請看看下面這段對話例子。

他　「我想要轉換心情的時候，就會去看電影。」

妳　「你都看什麼電影呢？」

他　「動作片或是紀錄片，此外還有比較講究的單館上映片*吧。」

妳　「我也很喜歡單館上映的電影。最近你有看到什麼好片嗎？」

他　「好片啊……。是有一部動作片《天龍特攻隊》，還滿不錯的。」

妳　「我對那部動作片也有點興趣，可是我不小心錯過沒看到。是哪個地方讓你覺得不錯的呢？」

他　「那部電影其實是以前的美國影集重新翻拍的，男人味十足啊。總之就是豪邁、爽快。」

妳　「我也是在看了預告片之後，覺得好像可以一窺男人的世界才想看的。話說，你現在有特別注意哪一部片嗎？」

他　「妳有聽過《騙局》這部電影嗎？」

妳　「嗯……光聽名字沒有辦法推測內容呢。是什麼樣的電影呢？」

如果妳學會了截至第3章為止的說話技巧，就算他提起了妳沒什麼興趣的「動作片」的話題，妳依然可以像上述對話例子一樣，根據會話的原則逐步釋出和自己有關的訊息，延伸他的談話內容，使對話熱絡起來。當然，也不可以忘記要配合對方的「思考相似度」。

最後在這段對話例子當中安排一句承上啟下的話。

他「這部電影啊，其實是真人真事改編的。」

妳「原來是真人真事改編的啊。可是光聽名字，實在無法想像它是實際發生過的事呢。我有點感興趣了，要不要一起去看呢？」

他「可以啊。話說妳知道《靈魂的四段旅程》這部片嗎？」

不過這時要注意的是，不可以馬上和他做好具體的約定，在這裡只是先做好安排而已。因為妳有可能在之後的談話當中，在自己擅長的領域裡發現與他更加意氣相投的地方，所以要先保留這份可能性。

附帶一提，能夠事先安排約會的話題其實相當有限，不外乎「電影」、「餐廳」；如果對方喜歡炫耀車子的話就是「兜風」、「戶外活動」；再不然就是「演唱會」、「美術展」、「活動」等等。一旦出現這些類型的話題，不妨姑且先說出「一起去吧！」這句話。

接下來，**下一個重點就是道別的時候**。請在上一章介紹的「離別時的魔法咒語」後面再加上「邀約」。

「我本來以為小武先生看起來好像很愛玩所以有點戒心，不過你其實相當誠懇呢。我們一起去看電影吧！請告訴我你的連絡方法。」

雖然上一章曾經介紹過「想再和你見面」這句話，不過要是對話當中出現了能夠製造下次見面機會的話題，告別時就一定要先做好約定。

至於連絡方式，與其告訴對方自己的連絡方式，不如先開口詢問對方的比較好。詢問時，也只需要說一句「請告訴我，你的連絡方法」即可。

切記千萬不要使用「這是我的連絡電話。再打電話給我喔！」、「這是我的連絡方式，小武的呢？」這種錯誤的問法。

要是先透露了自己的連絡方式，那麼就很有可能會錯過詢問對方連絡方式的機會。特別是在分別時大家都會有點手忙腳亂，對方很容易出現「反正我已經知道她的連絡方式了」的想法。

還有一點需要注意的是，萬一對方當時並沒有那個意思，一旦妳單方面說出「再打電話給我」，他多半也不會打電話給妳。就像有句日本俗話說「『下次』和鬼魂一樣不會出現」*，每做一次約定，最好還是做好「沒有下一次」的心理準備，這樣比較容易成功。

請容我再次強調，要是沒有先問出對方的連絡方式的話，之後就沒有辦法再挽回了，所以請妳務必要開口詢問。若是有人一直吞吞吐吐不願意說出來，可以告訴他「可是我的手機只會接收已存進電話簿裡的人的簡訊和來電」之類的話，總之一定要問出來。

不過這樣的例子相當罕見。當女性主動提出想交換連絡方式的時候，被拒絕的可能性其實相當低，所以妳大可放心。

只要妳能在初次見面的對話當中說出「我們一起去吧！」這句話，接下來就只需運用之後介紹的「委託公式」，以簡訊來決定具體的日期即可。

想要自然地進行初次約會的邀約，就要趁兩人面對面時先做好一半的約定。這就是拉開妳和「其他眾多女性」之間差距的祕訣。

＊編註：日本一種較為特殊的上映形態，指只在一家電影院上映之意。

＊譯註：意指「下一次」這個約定就像鬼不會出現一樣，絕對不可能實現。

使約會邀請順利成功的六大原則

當雙方約好再見面，得到幸福的人會是誰？說得更現實一點，得到好處的人會是誰呢？想當然爾，絕對是開口邀約的人。

請回想起第102頁所介紹的內容。

之前已經提過，促使我們採取行動的動機都是為了把自己的利益最大化；人們基本上都是自私的。因此，只要徹底地利用人類自私的原理，就可以讓約會邀請順利成功。

換言之，**當兩人講好要出門約會時，雖然理應是開口邀約的妳獲益較大，但是妳只要做得像是他才是受益者就沒問題了。**

■約會邀約的鐵則　其2

配合他的類型，找出能讓他覺得出去約會也無妨的「獲益」。

先前也再三強調過，如果沒有做好事前研究，想要找出對他而言是「獲益」的事是非常困難的。

在此，我要先介紹「使約會邀請順利成功的六大原則」。這些原則同時也能成為妳進行研究時的指標。

請依照下列六項原則，仔細地進行調查和研究吧。

原則1　將他的利益最大化

原則2　將妳的利益最小化

原則3　對他加以讚揚、將他的好心情最大化

原則4　將妳的好心情最小化

原則5　將妳和他的一致性最大化

原則6　將自己對他的認同感最大化

現在開始逐項解說。

舉個例子，

「我想邀請他，可是又不想被他發現我喜歡他……」

「被拒絕的時候該怎麼辦？」

我進行諮商時，常有人詢問我這兩個問題，但是會問出這種問題的女性，其實就已經違反了原則1和原則2。

因為她們並不打算將男方的利益最大化，而是在尋找讓自己的利益和好心情最大化的方法。

同時妳也可以發現，這樣的人心裡想的是「希望不必讓自己覺得尷尬，就能讓兩個人出去約會，如果不幸被拒絕的話，也希望自己可以不必感到那麼沮喪」，一切都以自己的利益為優先。

為了讓他的利益接近最大，就不可以隱瞞「妳喜歡他」這件事。必須讓妳的利益，也就是當妳被甩的時候所感受到的羞愧、以及想從失落感及沮喪之中逃脫等感情壓抑在最小限度當中。

原則3和原則4也是同樣的道理。

對他而言，讓他覺得和妳出去約會也無妨的獲益到底是什麼？是可以看他想看的電影嗎？還是可以炫耀他的車子呢？或是他可以介紹他喜歡的餐廳給妳？亦或是期待兩人可以做一些曖昧的事情？再不然，是因為和妳在一起可以提升他身為男人的自尊，讓他覺得意氣風發嗎？

這些事情，都只能在妳和他之間的對話當中尋找。請先做好「搞錯了的話，事後也沒辦法再用簡訊重新尋找」的心理準備。因為絕大多數的男性都不會和自己沒在交往的女性用簡訊閒聊。

有鑑於此，要是妳真的不想失敗的話，就請抱著必死的決心來進行對話內容的研究吧。如果研究結果夠完備，妳的邀約就不可能會被拒絕。

至於原則5和原則6，都是理所當然的事情，不說明應該也無妨。

接著，就讓我們利用下面幾個例題，實際練習一下如何擬定可滿足上述六大原則的「邀約策略」吧。

✢例題1

阿涼是某大型玩具製造商的業務。平常的作息是早上六點起床跑步之後再去上班，上班日都是在晚上九點左右回家。

現在是工作最忙的時期。假日大多都是以看電影、或是和朋友一起玩五人制足球的方式度過。

在朋友之間經常擔任領袖般的角色，力氣大而且勇氣十足。他的「男性特質制約」是「一定要對女生溫柔」。

和他交談時，曾經用「電影」這個話題稍稍使氣氛熱絡起來。

妳的策略

✧例題2

小淳在一間貿易公司當會計。為了取得會計相關的證照，他每天出門上班前都花上一個小時認真讀書。

現在是工作上較清閒的時期，晚上七點下班後，或是繼續念書，或是和朋友、上司一起去喝一杯。似乎多以打高爾夫和練習籃球等活動度過假日時光。屬於能和任何人來往、處事圓滑的類型。

他的「男性特質制約」是「男人一定要擁有地位和名聲、頭腦一定要聰明」。

妳和他是透過工作認識的，交談時曾經用「證照」這個話題稍稍使氣氛熱絡起來。

妳的策略

✧例題3

祐介經營一家與ＩＴ相關的公司。一天24小時都在想著工作，但是他似乎覺得工作也是娛樂的一部分。

他的工作時間似乎相當自由，並以應酬的名義吃遍了所有有名的餐廳，十分樂在其中。只要休假就會外出旅行，轉換心情。最近似乎相當執著於造訪那些古意盎然的溫泉旅館。

他擁有八項「男性特質制約」，分別是：要富裕、會賺錢、擁有地位及名聲、富有冒險精神、勇氣十足、影響力非凡、有決斷能力、有性魅力等。

妳有一點退縮，因此談話時氣氛不太熱絡。

妳的策略

首先就從例題1的阿涼開始思考吧。

阿涼的「男性特質制約」當中有「對女生必須溫柔」的面向。只要開口邀他，就算他沒有那個意思也不會拒絕，屬於邀約成功機率較高的男性。

但現在是他工作最忙碌的時候。雖然因為他為人溫柔，只要約了就會和妳約會，但是就時機來說實在不太恰當。

那麼現在不可以約他嗎？沒那回事。由於他是領導型的人，只要運用能夠讓他掌握主導權的方法加以邀約，就算他處於忙碌時期也有可能約會。

於是，只要把他外出約會能夠獲得的最大利益設定為：讓他有機會發揮他的溫柔、並展現他的領袖風範，就滿足了原則1的要求。

至於原則2，只要妳採取一切配合他的時間的態度即可滿足。

在此同時原則3也已經完成。因為妳已經把「讓他的心情變得最好」這件事當成是他的獲利。

原則4，只要妳克服了「在他忙碌時約他可能會被拒絕」的不安，或是乖乖等待他的提議即可滿足。

最後為了滿足原則5和6，可選用「電影」這個話題。刻意邀請他去看妳沒有興趣（但是他有興趣）的電影，這樣就可以成功滿足了。

例題2的小淳屬於比較無懈可擊的類型。

這種類型的人有一點難搞。

因為他們非常重視地位、名聲和頭腦的好壞。雖然妳曾經用「證照」這個話題稍微炒熱氣氛，但是這並沒有辦法成為促使他願意外出約會的獲益。

或許妳會認為「那如果我找一些事情去和他商量的話，應該可以挑動他想要表現自己聰明才智的男人心吧？」很遺憾的，這一樣無法成為他真正的獲益。因為他總是把自己的目標設定在高處，陪妳商量一些簡單的事情是無法讓他感受到優越感的。

因此，這時要做的應該是設定一個看似能對「男性應該要有地位和名聲」這個「男性特質制約」帶來好處的約會計畫，讓他覺得出門約會有助於自己出人頭地，如此便滿足了原則1。

若能做到這一點，他會認為藉由和妳約會，自己也可以「向上邁進」而感到興奮不已，自然也滿足了原則3。

至於原則2，只要妳拼命尋找可以讓他彰顯他的地位與名聲的事物，屆時將會花費不少時間物力成本，便可成功達成。

原則4也同樣因為這場約會已經不是單純的約會，已經對妳造成了某種精神上的負擔，因此成功達成。

最後的原則5和6，只要妳找出能讓他和上司相處時獲得讚賞的用餐地點，再把那裡當成約會地點，這樣就可以輕鬆滿足。

當妳考慮對方的獲益時，不要一個勁兒地抓著「電影」、「兜風」、「證照」等表面上的關鍵字不放，這就是成功的祕訣。

接下來，我們就以同樣的觀點來思考例題3吧。

只不過，例題3算是一記變化球，應該可以說是一題稍微加工過的應用問題。

祐介是典型的花心男，屬於受到女人歡迎就能讓他獲得滿足的類型。實際上主動送上門的女性也不在少數，總是被人捧上了天。

像祐介這種人其實有點麻煩。要是妳沒有奉承他的話，他就不會對妳有意思，但是就算妳開口奉承他，最後妳也只會變得和「其他眾多女性」沒什麼兩樣。因為他已經相當習慣和女性相處，所以只要妳開口邀約，他應該多少會答應個一次左右……。

以他的情況來說，必須故意違反大部分的原則。能讓他出現「為什麼她會來約我？」的想法就算是成功了。成功祕訣在於刺激他的冒險心和影響力。

「明明就主動約我出來，但是卻完全不打算討好我。她到底在想些什麼？」

為了讓他出現這個想法，只要滿足原則1即可。

對他來說，光是能和一個新對象出門吃飯就是他的獲益了，其他原則則請全數違反。

妳只要好好隱藏起自己的心情，再告訴祐介，自己有一間很想去的店而他湊巧知道，所以想要約他出門吃飯即可。

怎麼樣？有沒有抓到一點訣竅了呢？

我在女公關時期也是像這樣設定每位客人的專屬策略，一一加以討好。我當時真的每天都想破了頭。不過妳只需要考慮到妳的意中人，應該會比我輕鬆許多。

不論是男是女，邀約時若能先想好滿足這六項原則的策略再開口，妳的技巧就會以顯而易見的速度急遽成長喔。

下一節，我們將會學習如何在完整的約會策略下創造出邀約專用咒語。

100％導出ＹＥＳ的「邀約」公式

現在，我們就來學習成功率逼近百分之百的「邀約專用魔法咒語」吧。

在上一節，我們已經按照成功邀約的六大原則擬定好計畫，也已經在談話當中加入了「我們一起去吧！」這個句子，讓後續的約會邀請顯得更為理所當然。

最後就只剩下開口邀請時，必須說得彷彿對他有好處一樣。

因此，妳一定要先記住「**成功營造『彷彿』感的三項條件**」。

① **不強加於人**
② **提供選項**
③ **使對方心情愉快**

下一個步驟，就是按照下列邀約公式，創造出「邀約專用咒語」。

■邀約的公式
情感＋邀約理由＋邀約內容＋對方接受邀約後可以獲得的利益

這個公式能讓對方情不自禁地說出「ＯＫ」二字。然而要讓此公式成功的關鍵，就在於絕對不可以漏掉其中任何一個要素。

偶爾就是會有一些人擅自省略其中的要素。但是要知道，每減少一個要素，對方答應的機率也會隨之下降。這就像是在做菜一樣。明明只要照著食譜來做就能成功做出美味料理，但是不懂做菜的人總是會擅自減少材料或是省略步驟。既然作法和食譜不一樣，失敗也是必然的。

妳可以等到最後階段再來微調口味也無妨，但是在此之前請正確地按照公式進行吧。就算妳在擬定策略的階段，對對方多少有些分析錯誤之處，只要能完全依照公式創造咒語，邀約仍然可以成功。

請回想一下先前出現的阿涼、小淳和祐介吧。

先看看阿涼。一旦妳違反了公式或原則，妳的邀約就很有可能變成這樣：

「辛苦了。這個星期一定也很忙吧。要不要去看場電影呢？順便問一下這個週末你有空嗎？如果很忙的話就不勉強了。」

妳以為自己是為了工作忙碌的他著想，但是這樣反而讓他想起了自己究竟有多忙。而且，妳知道妳自己提高了約會的難度了嗎？收到這封簡訊的他，心裡多半會想「我很忙。既然我這麼忙，假日當然要好好休息。出門約會可是很累人的。」妳的好意反而造成了反效果。

魔法邀約簡訊應該要像這樣：

「阿涼，最近好嗎？上次真的聊得很開心，謝謝你。記得你有提到你想去看下星期上映的《黑天鵝》對吧？我從公司那裡拿到了優惠票，要不要一起去看？因為你有說最近是工作比較忙碌的時候，可不可以先告訴我兩、三個你比較方便的日子呢？」

現在開始解說吧。

「上次真的聊得很開心，謝謝你。」

先用這句話稍微展現妳對他的好意。

「記得你有提到你想去看下星期上映的《黑天鵝》對吧？我從公司那裡拿到了優惠票，要不要一起去看？」

這句話則是告訴對方邀約的理由和內容，以及對方可獲得的利益。

至此已經滿足了「彷彿三條件」當中的「不強加於人」和「使對方心情愉快」兩點。因為妳不但記得他想看的電影，甚至還準備好了電影票。這對他來說應該是一件相當令人愉快的事情吧。再加上這是他自己想看的電影，因此也沒有強迫推銷的意味。

最後一句，

「因為你有說最近是工作比較忙碌的時候，可不可以先告訴我兩、三個你比較方便的日子呢？」

在提供對方選項的同時，也滿足了「給予對方主導權」的額外條件。

此外還要請妳注意另外一點，**這封簡訊是一則不得不回覆的簡訊**。

先前有提過，男性不會回覆普通的閒聊簡訊，但是卻會回覆「要緊事」。由於這封簡訊具有「連絡看電影的日期」這個正式的事務性內容，因此男方會比較願意回信。更甚者，應該說他會反射性地回覆自己的行程也不為過。尤其阿涼又是對女性相當溫柔的人，所以回覆的機率應該是百分之百。

接下來，給小淳的邀約簡訊又是如何？

首先來看看只差一點的例子吧。

「晚安。考取證照的準備進行得還順利嗎？我找到了小淳上次提過的證照考試用書，近期內找個時間出來吃飯如何？」

真的只差一點點。這則簡訊有為他的證照考試加油打氣，而且乍看之下似乎對他頗有好處。可是「證照考試用書」這項利益，真能讓他心甘情願地特地騰出約會的時間嗎？再加上「近期內找個時間出來吃飯如何？」這句話，就算對方回了簡訊，頂多也只是一句「不錯啊，近期內找個時間吃飯吧」，就不會再有下文了。

內向的妳一看到這樣的回覆，肯定會貿然做出「他對我根本沒興趣」、「我被他討厭了」等錯誤判斷。這種做法只會白白讓自己的心情萎靡不振，所以將來最好別再這麼做了。

若是在這則還差一點點的簡訊裡施加「彷彿三條件」的魔法的話，就會變成這樣：

「晚安。前陣子聽到小淳在工作時間以外的事情，感覺非常有親切感呢。那個時候，你有說你正在找一間能讓部長開心的餐廳。我們公司裡盛傳一家接待客戶時絕對能圓滿成功的店，所以我想介紹給你。要不要一起去實地探勘一下呢？我平日除了星期三之外比較能夠空出時間，請告訴我這個月裡你有空的日子吧。」

現在來解說一下吧。

依照公式，先利用「感覺非常有親切感」這句話來表達自己的心意。這麼直接地表現自己的心意可能會讓妳覺得不好意思。不過這句話頂多只會讓對方出現「喔～」的反應，所以不必太在意。

當我們作為發信者時，通常容易過度自信。發送簡訊時，心裡總是想像對方能夠百分之百接收到自己的心意，但是實際上，收信者充其量只能接收到10％左右而已。語言是很難完全按照字面上的意義傳達的。

因此，**妳必須選擇那些會讓自己覺得有點不好意思的句子，這樣才剛好**。

如果妳至今一直苦惱於「為什麼無法讓對方知道自己的心意」的話，一定是因為妳選擇了無法傳達心意的用詞。往後，請妳時時回想起「傳簡訊時稍微誇張一點才剛好」這個道理，戰勝妳自己的內向吧！

「那個時候，你有說你正在找一間能讓部長開心的餐廳。我們公司裡盛傳一家接待客戶時絕對能圓滿成功的店」，這句話正如同策略內容所示，彷彿正好符合對方所需的利益，並傳達出邀約的理由和內容。由於小淳認為最重要的事情就是出人頭地，所以有助於此的東西就是他心中最大的獲益。這種做法既不會強加於人，而且對方也會覺得心情愉快。

再加上他是在工作上認識的對象，製造和工作相關的藉口更能促使對方回信。

「我平日除了星期三之外比較能夠空出時間，請告訴我這個月裡你有空的日子吧。」

最後詢問小淳的預定行程並留下選項，以決定具體出發日期為由，結束這則簡訊。如此一來，小淳必須回信的理由就完成了。此處最重要的，就是要提到妳自己的預定行程：

「我平日除了星期三之外比較能夠空出時間。」

談戀愛時，妳和他之間的權力平衡是在剛開始的階段就決定好了的。因此，要是妳在簡訊裡寫「一切都配合你的時間」，之後交往的時候也都會變成「妳必須配合」的狀況。

雖然只是一封約會簡訊，但是還是要考慮到未來的發展。先若無其事地採取兩人關係對等的行動會比較好。

感覺如何？是否覺得自己已經多少學會了絕對成功的邀約簡訊的寫法呢？

最後，我們來思考一下寄給花心男祐介的魔法邀約簡訊應該怎麼寫。以祐介的情況來說，邀約本身的難度其實相當低。

「祐介先生，你好。謝謝你上次陪我度過一段愉快的時光。上次提到的那家〇〇餐廳我有點興趣，希望可以和你一同前往。平日的星期二和星期四我有瑜珈課，時間上比較不方便，但是其他日子就沒問題。祐介先生這個星期或是下星期何時有空呢？」

和另外兩人相比，這封簡訊顯得清淡多了吧。就祐介來說，這樣就足夠了。

因為對他來說，只要能收到妳寄出的邀約簡訊，他就會覺得「很好！這次我也很受歡迎」而感到滿足，所以妳不需要在簡訊當中多加任何展現好意的言詞。要是妳加進去了，反而會讓妳變得和「其他眾多女性」一樣，所以最好不要這麼做。

花心男的攻略方式，就是要保持若即若離的距離，以長期戰的手法慢慢進行。能堅持到最後的人才是勝利者。就這層意義上來看，其實花心男意外地容易攻略喔。只不過這一切都取決於妳有沒有能夠堅持到底的意志力。

話題有點扯遠了。**妳的邀約簡訊的最後一句話，一定要用「決定日期」來作結**。男性這種生物基本上只把簡訊當成一種連絡用的工具，不會仔細閱讀。他們都是用「有什麼要緊事？」、「需不需要回信？」的心態在閱讀簡訊的。因此，簡訊最後若是以「請告知日期」作結，他的腦子就會記住「自己必須回簡訊」。

即使他沒有馬上回，但是他的大腦裡已經留下了「必須回簡訊」的記憶，因此仍然非常有效。這個步驟要是沒有確實做好，就不會再有「下次」了。

絕不省略公式當中任何一個要素，仔細思考屬於他的利益到底是什麼，然後再送出簡訊，如此一來邀約就會成功。就算有某次回覆內容不如預期，只要有「決定日期」這個理由，他就一定會回覆一些東西過來。

如上所示，只要創造出「屬於他的利益」和「回簡訊的理由」，約會邀請一定會百分之百成功！

不要被「NO」的刺激打垮！自然邁向下一步的簡訊交涉術

促使邀約成功的祕訣，在於「事前安排」。這也和做菜有些類似。妳必須在初次見面的談話當中先找出能夠藉此開口邀約的材料（話題），接下來必須在言談間釋放出邀約的訊息，最後再訂出策略，送出邀約的簡訊。

到此為止應該都沒有什麼問題。那麼，妳覺得只要送出一封簡訊之後，一切就會結束嗎？當然沒這回事。之後妳們還會來回傳上好幾封與約會有關的簡訊。

可是，當妳好不容易鼓起勇氣開口約他，最後卻沒能收到好消息的話，心中難免會留下難為情與尷尬的感受。儘管他本人一點也不放在心上，但是在妳的眼中看來，可能會覺得他的一舉一動都像是在躲著妳。

我們總是習慣透過自己的偏見和有色眼鏡來看待一切事物。

當妳擅自認為「和他在一起感覺很彆扭」、「他一定是在躲我」、「他討厭我了」、「我給他添麻煩了」的時候，或是用這樣的眼光看著他的時候，妳的眼中就只會看到一些彷彿證明了妳的想法的東西。這種「尷尬氣氛」會在偏見（Bias）的作用之下，在妳的心中逐漸增強。

到後來，他也會漸漸因為妳的詭異態度而感到尷尬，妳心中的預期「他在躲我」，最後變成了事實。

其實妳可以透過交涉技巧的運用，使「我竟然主動邀他了」的害羞感減輕，進而讓失敗時的沮喪程度降到最低。此外，因為妳已經做了所有能做的事情，所以和一次簡訊往來之後就放棄的情況相比，受打擊的程度應該也會比較輕微。

為了妳精神方面的健康著想，請一定要學會如何利用簡訊進行約會的交涉技術。

雖然名為交涉技術，但是實際上是非常簡單的東西。妳**只要調整「約會要求」的大小即可**。

我們就以上一節「邀約策略」當中登場的阿涼為例，詳細說明。

之前的策略是邀請阿涼看電影。看電影的邀約之所以會成功，原因在於妳先前對他說過「我們一起去吧！」，做好了妥善安排。

約會看電影，以約會要求的角度來看，這個要求是大還是小呢？請看看下面的圖表。

看過之後，妳會不會覺得和「平日晚上下班後一起去吃飯」這個要求相比，妳的要求顯得非常大呢？

大 ←→ 小

- 假日，看電影&用餐
- 假日，看電影
- 假日晚上，用餐
- 假日，共進午餐
- 假日，一起喝杯茶
- 假日前一天，下班後用餐
- 假日前一天，下班後到酒吧喝一杯
- 平日下班後，用餐
- 平日下班後，到酒吧喝一杯
- 平日，共進午餐或一起喝杯茶

這麼分類之後，相信妳也了解到就算只是單純找他約會，還是可以細分成各種不同的形式。這時若能彼此注意到「要求的大小」，就會比較容易獲得肯定的答覆。

當初的策略是邀他「看電影」。當然，真正的約會計畫是看完電影之後再吃頓飯。但是，要是阿涼回傳一封這樣的拒絕簡訊時，妳要怎麼辦？

「抱歉。難得妳開口邀請，但是這幾天工作實在太忙，沒什麼空閒時間。」

當這封簡訊寄到的那一刻，內向的人大概就會心想「不行了，一點指望也沒有」，然後直接放棄。但是，其實妳還有一次機會的。

請再看一次剛剛的圖表吧。妳對阿涼提出的是最大的要求。既然最大的要求被駁回了，妳可以試著再提出一次最小的要求，當成替代方案。

「謝謝你回簡訊。在你正忙碌的時候打擾你，真是不好意思。反正電影還會上映一陣子，就等到你沒那麼忙的時候再去吧。話說我們的公司距離這麼近，要不要趁平日一起吃個午餐呢？請告訴我你可以出來吃午餐的日子。」

或者是：

「謝謝你回簡訊。在你正忙碌的時候打擾你，真是不好意思。反正電影還會上映一陣子，就等到你沒那麼忙的時候再去吧。話說既然工作那麼忙，要不要趁平日下班後一起到酒吧喝一杯？請告訴我方便空出時間的日子。」

相信妳也有過類似的經驗：面對曾經拒絕過一次的對象，心中或多或少都會有「我拒絕了他」的罪惡感。在那之後對方又用其他不同的形式開口邀約時，妳就會心想「哎，這點小事應該沒關係……」而答應下來。

人一旦拒絕了他人的要求，良心就會開始過意不去：「我其實並不是那麼冷漠的人」，因而想要尋找機會挽回形象。所以當對方做出讓步、重新拜託我們的時候，大部分人的反應會是覺得「天助我也！」進而答應這次的要求。

我們就是要利用這個反應做出邀約。**在大要求之後進行小要求，表現出讓步的姿態，直接對他的罪惡感和良心做出訴求**。

由於他也不希望自己留下不好的印象，所以當妳讓步提出較小要求的時候，他就會覺得答應也無妨。

如果這麼做之後仍然被拒絕，表示他可能「真的」很忙，請靜候一段時日之後再進行邀約吧。

銀座這裡有個規定，就是在店家開始營業之前，女公關必須和客人一起用餐之後才能進入店內。這個規定稱為「同伴」。由於有許多店家把這項規定當成是最基本的工作，為了找到同伴，女公關們都會拼命邀請客人一起吃飯。

成為同伴之後，客人在時間和金錢上的負擔就會增加，所以這樣的要求其實有點高。不過身為銀座女公關，最理想的狀況當然是和客人一起在高級餐廳用餐之後再進入店內。如果這樣行不通的話，那就不要拘泥於餐廳的等級。如果這樣還是不行的話就換成自己掏腰包請客……，總之先降低在金錢方面的要求。

如果上述做法都不行，那麼還有「店前同伴」這一招，麻煩對方於同伴上班的時間在店面附近會合，然後再一起進入店內。這是連時間方面的要求都一起降低的做法。

如此不斷降低要求之後，最後總會得到ＯＫ的答覆。

特別是男性都懷抱著希望自己看起來比較偉大的「男性特質制約」，妳只要降低要求，他們多半都會答應。即便是在如此細微的地方，男性仍然會在不知不覺當中受到「男性特質」的制約束縛。

但是，當妳做到這種地步卻還是得不到正面答覆時，有時也需要暫時先給彼此一段冷卻期。之後再找一個時間點，突然裝成沒事人的樣子再次提出邀約。假如這樣還是不行的話，那就表示真的沒有希望，換下一個人吧。

此外，**還有另一個考慮到彼此要求大小進行邀約的模式，那就是顛倒過來從較小的要求開始，然後再進行較大的要求**。以阿涼的例子來看，就是先邀請他「平日共進午餐，或者是平日下班後喝一杯」。

我們聽到較小的要求時都會覺得「這點小事不算什麼」，而容易隨口就答應。若能利用他這種隨性的心態進行約會邀約，妳幾乎就算是成功了。因為妳只要在之後約會的時候努力進行「讓他心中出現想要再見妳一面的想法」的對話就沒問題了。

如果碰到他連小要求都加以拒絕的狀況，儘管必須視他的回覆而定，但是最好還是先等候一段時間再開口邀約比較好。

總結來說，**約會邀約不可以只邀一次就放棄**，這是最重要的一點。同時這也是將妳的邂逅升級成命運之邂逅的最快捷徑。

第5章

巧妙傳達「愛慕之情」的方法

告白之前一定要作好「男方研究」

總算要進行告白了。重點就在於運氣、緣分和時機，人生當中發生的所有事情皆如是。到第4章為止，妳已經靠著自己的努力讓運氣和緣分成為妳的夥伴。接下來就是讓時機也一起加入妳的陣營，讓妳能夠成功地向妳的意中人告白。

對內向的人來說，告白這件事就像是下達最終判決，或是考試的結果發表一樣，心情或許會變得無比緊張。不過，妳已經做了自己所有能做的事了，所以這樣的心情其實相當正常，不必多加擔心。況且，不論是多麼擅於談戀愛的人，告白時都一樣會緊張不已的。

但是，如果妳是抱著「聽天由命」、「謹遵神喻」、「一切借助開運水晶的力量」的心態決定告白的話，請妳稍等一下！

妳必須先針對他進行充分的研究，同時擬定好自我宣傳策略之後，才能進一步決定是否進行告白。

想要把「他的相關研究」做到盡善盡美，最重要的就是必須把妳腦中對自己的興趣，全都轉換成對他的興趣。

首先，我們先來測驗一下妳是不是一個擅於切換想法的女性吧。

妳是否符合下列對話當中的其中一個模式呢？

✧模式1

他　「妳放假的時候都在做什麼？」

妳　（其實我都和女性朋友一起出門喝酒或逛街，不過這樣應該會被討厭吧。因為男人都比較喜歡顧家的女人）「我都在練習平常做不出來的料理。」

他　「欸～原來妳很會做菜啊！妳都做些什麼菜？」

妳　（嗚哇，好像有點太誇張了？一定要小心，千萬不可以被他討厭。要受這種男人歡迎的話……）「我最近熱衷於做日式燉菜。」

✧模式2

他　「我們就連生魚片都同樣喜歡白肉魚和青皮魚，我們似乎真的很合得來呢～」

妳　（啊！戀愛教學書上有寫兩人之間出現共同點時就會順利發展。他先主動強調了這件事，是不是表示他對我有意思呢？既然這樣的話……）「就是說啊（微笑）。我很喜歡吃魚。」

他　「我也很喜歡吃魚，看來我們果然很合得來～。和口味相近的人在一起實在很輕鬆。要是不合的話，對彼此都是煎熬啊。」

妳　（這個話題的走向看起來相當不錯。因為他對我有興趣，所以才會說這種像是打從心底合得來的話。既然這樣的話）「真的。喜歡的口味相近的確很重要。看來我們應該可以一起四處品嚐美食。」

✧模式3

妳　（他看起來好像很忙啊。還是去幫幫他好了。這樣的話他說不定會對我有意思）「有沒有需要幫忙的地方？我去幫你影印好了。」

他　「謝謝，妳真是幫了我大忙。這份企劃書必須在五點之前完成，可是會議資料也是要在五點之前印好，我才正在煩惱呢。」

妳　（太好了！這樣應該加分不少）「要影印幾份呢？如果還有其他需要幫忙的事也請告訴我。」

他　「麻煩印25份。那，可以順便拜託妳幫我傳真和製作要轉交給會計的文件嗎？」

妳　（欸？這麼多事？算了，只要他可能喜歡上我就好）「我知道了，就交給我吧。」

妳是否符合其中任何一個模式呢？

模式1是以「不要被他討厭」為前提來考慮對話內容的女性。

模式2是以「如果你說喜歡我，既然如此」為前提和對方說話的女性。

模式3是以「為了讓他喜歡上我」為前提和對方說話的女性。

這三種模式的共通點就是「將出發點放在自己身上」。她們的反應都是「希望讓他覺得我是〇〇的人」、「如果他覺得我是〇〇的人該怎麼辦」，拼死拼活地想要掌控「自己在他心中維持的形象」。妳有注意到她們的興趣其實都沒有放在他本人身上嗎？

如果妳總是忍不住先把興趣放在自己身上，而不是放在他身上的話，就請切換一下腦中的想法。因為能夠告白成功、之後的戀愛關係也能順利發展的女性，是會進行以下對話。

✦模式1的狀況

他　「妳放假的時候都在做什麼？」

她　（他對我有興趣了）「嗯～我都在家裡輕鬆地看書或是聽音樂，不然就是和朋友一起出門吃美食或喝兩杯，還有逛街購物。」

他　「妳們都去什麼地方呢？」

她　（我也想知道關於他的事）「我家離銀座滿近的，所以都去那裡，你會去銀座嗎？」

✦模式2的狀況

他　「我們就連生魚片都同樣喜歡白肉魚和青皮魚，我們似乎真的很合得來呢～」

她　（不知道他還喜歡些什麼東西？）「就是說啊。你還喜歡什麼食物呢？」

✦模式3的狀況

她　（哎呀哎呀，他好像一個人負責了很多工作呢）「如果有我幫得上忙的地方，就讓我幫忙吧。」

他「謝謝，妳真是幫了我大忙。這份企劃書必須在五點之前完成，可是會議資料也是要在五點之前印好，我才正在煩惱呢。」

她（這些就是他負責的所有工作嗎？）「你還有其他工作要趕的嗎？我可以幫你做一點自己幫得上忙的部分。」

他「說的也是。我看起來似乎一副無所謂的樣子，不過手上的工作其實還有很多。呃，我先把它們整理出來再麻煩妳好了。真的很感謝妳。」

看出其中的差異性了嗎？

最大的不同點就在於她感興趣的對象一直都是「他」；她一直都是以「我想知道他是怎麼樣的人」為前提進行對話。

總之，先把自己的事情擺到一旁，隨時懷抱著想要知道他是怎麼樣的人的想法，就可以把「他的相關研究」做到最好。

所謂研究有關他的事，是指「不透過自己的價值判斷，側寫出原原本本、完完整整的他」。到最後，不論是有助於妳或是無助於妳的資訊，全部都可以收集到。

當妳掌握到這兩方面的資訊之後，可能會發現自己並沒有想像中的那麼喜歡他，亦有可能發現自己果然還是非常喜歡他。也就是說，妳可以用冷靜的態度徹底看透他這個人。如此一來，妳就不必經歷告白被甩、無端受到傷害的過程。此外，也不會再發生兩個人開始交往之後才對他感到幻滅的事了。

研究關於他的事所帶來的結果，其實有百益而無一害。

無論是要找出對他而言的最大利益，或是進一步確認對方到底是不是自己的真命天子，都要記得「切換腦中的想法」。

另外，當妳和他接觸時，一定要經常詢問自己「他到底是怎麼樣的人？」一邊進行對話。

能夠馬上了解他的「戀愛類型」的愛情理論

為了準備告白，必須在第二次之後的約會當中研究他的戀愛觀。

過去在女公關時期，我也曾在接待客人時，試著以自己的方式將眾多男性客人的戀愛觀分門別類。

不過，比起我自己做的分類，我後來發現分析人類戀愛觀的心理學理論顯得更有實踐性，而且更加方便好用。

而其中一個理論就是**「愛情色輪論」**。

這個分類法不分男女皆適用。

不只男方，倘若妳可以同時搞清楚自己的戀愛類型，就更能充分理解彼此的相配程度，想必也可以更輕易地接近對方。

這個理論是加拿大的社會學家 John Alan Lee 從超過四千份的文獻中，蒐集了與戀愛有關的敘述，再將人分為下列六大類型。

愛情色輪論

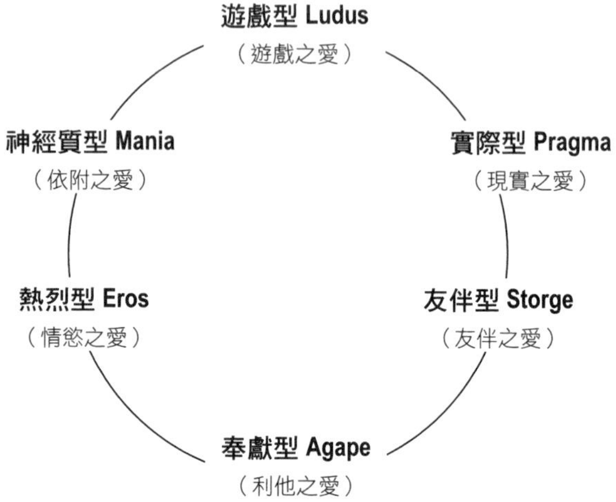

這六種類型的配置如上圖所示。一般普遍認為在圓形配置圖當中，位置越靠近的類型就越合得來，而位於正對面的類型則容易交惡。即便是在最新的研究當中，上圖的相對關係依舊沒有改變。也因此有人認為依循此愛情色輪論，可以讓自己的戀情一帆風順。

接下來，就讓我一個一個詳細解說這些戀愛類型的主要特徵吧。

①遊戲型（遊戲之愛）

認為戀愛是一場遊戲，最重要的就是樂在其中。簡單來說就是玩咖的戀愛類型。由於他們並不執著於單一對象，所以可以同時和多人交往。討厭他人侵犯自己的隱私，總是和他人保持著一定的距離。這類型的人和交往對象在一起時，會盡力使兩人時光變得無比愉快。

例如《００７》系列的詹姆士・龐德、《源氏物語》的光源氏，還有《慾望城市》的莎曼珊都屬於這個類型。

②實際型（現實之愛）

將對方的地位與頭銜視為自我提升的跳板的戀愛類型。這類型的人會配合自己的目的選擇對象，譬如說想要爬到更高的地位、想要進入豪門世家等等。

例如日劇《大和拜金女》的櫻子、《亂世佳人》的郝思嘉、《麻雀變鳳凰》的薇薇安都屬於這個類型。

③友伴型（友伴之愛）

以當朋友的感覺談戀愛的類型。這類型的人喜歡在經過很長一段時間之後不知不覺地成為一對情侶的戀愛關係。交往模式為彼此都沒有察覺到已經愛上對方，卻在某個時刻突然意識到「如果要結婚的話，對象大概只能是這個人」。由於這種感情並不激烈，所以可以維持著平靜而穩定的關係。

例如漫畫《鄰家女孩》的小南和達也、《NANA》的淳子和京助、小說《挪威的森林》的小綠都屬於這個類型。

④奉獻型（利他之愛）

比起被愛，更重視愛人；以犧牲奉獻的精神談戀愛的類型。喜歡不求回報的愛。這種戀愛類型鮮少存在於現實社會，是種理想中的愛情形式，女性往往都會希望能夠擁有這樣的愛。

例如《在世界的中心呼喊愛情》的主角、《嫌疑犯X的獻身》的石神哲哉、《終極追殺令》的里昂都屬於這個類型。

⑤熱烈型（情慾之愛）

戀愛至上的浪漫主義者。重視對方的外表，極度容易一見鍾情的類型。這類型的人會希望在早期階段就和對方變親密，若能獲得滿足，也能與對方長久交往。

例如《羅密歐與茱麗葉》的羅密歐與茱麗葉、《灰姑娘》當中的灰姑娘與王子、漫畫

《交響情人夢》的野田妹等都屬於這個類型。

⑥神經質型（依附之愛）

伴隨著激烈感情的激情戀愛類型。獨占欲和嫉妒心皆強，深愛對方，全心投入。還會不斷反覆確認對方是否愛著自己。想要一直和對方在一起，喜歡頻繁與對方見面的戀愛方式。由於這種人是會束縛他人的類型，所以會令對方感到喘不過氣。

例如《歌劇魅影》的魅影、《源氏物語》的六條御息所都屬於這個類型。

若妳和他的戀愛類型剛好處於正對面位置，即使有辦法開始交往，將來妳們之間的嫌隙也會逐漸加深，行動之前最好先考慮一下比較好。

在我的心理諮商室，有許多女性都是在和對方交往數年之後才來找我商量「其實我打從一開始就無法信任他」。這個時候若是進一步推斷出兩人的戀愛類型，就會發現她們的戀愛類型大多不相配到極點。

像這種「發展成戀愛關係之後他就突然變了一個人!?」的狀況，其實就是戀愛類型不相配所引發的典型陷阱。成也戀愛類型，敗也戀愛類型，其實這是絕對不容小覷的。

事先知道彼此戀愛類型的最大目的，是為了和對方共同擁有彼此在戀愛中重視的事物。雖然一般常說相似的兩個人比較容易順利發展，但是**比起對食物或電影的共同喜好，戀愛類型相似的人，之後的戀愛關係會更加穩定**。

在機緣巧合下和情投意合之人偶然邂逅，若妳想在這樣的奇蹟上下賭注，也是一段彷佛命中註定，令人感動不已的佳話。

但是，命運也可以由自己來決定。妳只需要知道自己的戀愛類型和他的戀愛類型，就可以既確實又合理地遇上真命天子。

只要能做好這項調查，戀愛這件事情其實意外地可以輕鬆上手。所以在妳告白時也一定要加以活用。

如何找出「讓他想和妳交往的理由」

我們已經調查出他的「戀愛類型」，告白之前的準備也宣告完成。此時，請妳一邊參考他的「男性特質制約」和「戀愛類型」，一邊思考當他和自己交往時，他可以獲得什麼樣的利益。

為了提高告白成功的機率，最重要的就是事先讓他知道他能獲得什麼好處。我在第 4 章也有提到過，**談戀愛時若能事先將「他的獲益」徹底展現出來，幸福度就會上升**。

「要是讓他知道太多利益，他會不會就此失去追求自己的興趣呢？」有些人會有這樣的誤會，不過這一切都是誤解。

讓他知道他能獲得的利益，還有讓他追求妳，這兩者是可以同時成立的。讓他知道他的獲益，並非使自己隸屬於他之下，而是為了讓他心想「和這位女性交往似乎有諸多好處。我就追追看。」我們是為了實現這個目的才告訴他「他的獲益」是什麼。

只要妳在第二次以後的約會之中與他對話時，能夠時時注意到他的利益，就算妳不開口，男方也有可能自己主動告白。

但是，最近出現許多男性採取自己絕不主動告白的作風，所以妳不得不主動告白的情況可能也不在少數。

話說，男性心中的「男性特質制約」和「戀愛類型」的組合方式可是數也數不清。在此舉出兩、三個例子，讓妳學會掌握為對方創造利益的訣竅吧。

✧例1

男性特質制約　↓　對女性溫柔，具備影響力，有野心

戀愛類型　↓　熱烈型（情慾之愛）

請記住這種類型的男性必須「儘早決定、迅速接近」。因為熱烈型的人容易一見鍾情，而且會想要盡快建立關係。所以剛開始的時候他會很積極地約妳出來，而妳只要開口邀約，他也會馬上答應。

大部分的女性都會因為這種自己有人追求、自己占優勢的情況而感到飄飄然，於是一直拖拖拉拉地維持同樣的關係。畢竟這個類型的男性同時也是個浪漫主義者，對待女孩子就像是對待公主一樣，女性因此感到心情愉悅也是在所難免。

不過，要是妳讓熱烈型的男性等待太久、令他焦急起來，他就會投向下一個女人的懷抱。因此，既然對方屬於行動異常快速的男性，那麼妳也要記得加快自己的決定。儘管熱烈型的人決定下得比較快，但是只要他覺得兩人合得來，就會試圖與對方長期交往，所以交往之後被劈腿、玩弄感情的機率也較低，十分安全。

此外，從「男性特質制約」的角度來看，這個類型的人總是會想要為妳做些什麼，是從自己主動照顧別人的行為中獲得滿足的類型。因此，與其發現他的優點並加以讚美，還不如盡可能地感謝他為妳所做的一切。當妳這麼做的時候，要記得盡量誇張地表達感謝之意。

還有，當他沮喪的時候，無論如何都不可以表現出試圖聽他訴苦、想與他共同分擔的態度。妳必須靜靜等待他自己解決問題，並再次以英雄般的姿態出現在妳面前。

總結來說，**具備這種男性特質制約和戀愛類型的人，促使他決定和妳交往的獲益就是「可以永遠成為妳的英雄」**。

✧例 2

男性特質制約　↓　頭腦好，勇氣十足

戀愛類型　↓　神經質型（依附之愛）

由於這個類型的人的「男性特質制約」是「頭腦好」，所以直到他和妳開始交往為止，始終都維持著看似冷淡的態度。

此外，他在對話當中時常會說出隱含束縛意義的話語。例如「我會擔心妳有沒有平安到家，所以回到家之後一定要傳簡訊告訴我」，或者是「我有點擔心，想送妳到半路」、「妳找我商量的那件事，有可能會因為情況不同而生變，所以要再傳簡訊告訴我最新進度」等等。

因為他希望別人覺得自己頭腦好，所以會故意裝酷。但是在他心中，卻意外抱持著熊熊燃燒的熱情。此外，他心中還存在著強烈的不安，不想要被甩、不想被討厭。

面對這樣的人，妳必須頻繁地和他連絡、回應他時絕不使用曖昧不清的措辭、不管任何事都要簡單明瞭地據實以告。

另外，他並不像熱烈型的人一樣希望兩人的關係立刻出現進展。如果他無法確認妳是否真心喜歡他，或是他還沒有自己絕不會被甩的自信，他都不會試圖將一段感情發展成戀愛關係。為了他著想，請讓他多看到一點妳對他是一片真心的證據。

對他來說，他的獲益就是「女方能夠坦然接受自己想要獨占她的心情」。**面對這種類型的人，促使他決定和妳交往的最大理由，就是妳能夠明白告訴他「我最喜歡的就是你，我絕對不會背叛你，請你放心」。**

✧例3

男性特質制約　→　會賺錢，有野心

戀愛類型　→　友伴型（友伴之愛）

由於友伴型的人並不堅持一定要談戀愛，硬要說的話，他們更卯足全力於滿足自己的男性特質制約，而這也造成他們的戀愛關係始終難以成立。對於想要馬上得到明確定位的女性來說，可能會覺得有點無法滿足吧。

面對這種類型的人，能夠讓他決定和妳交往的理由就是「妳可以保持好朋友的立場」。

舉例來說，原本一直當她是朋友的人，回過神來突然發現她以戀人的身分守在自己身邊。對他來說，這樣的女性就是對他有益的女性。

不過，與其只是單純地守在他身邊，還不如一有機會就從旁支持協助他，讓他能夠在工作的事情上獲得成果，效果會更好。

既然我們已經掌握到各種類型的男性希望獲得的利益，以及擬定攻略計畫的訣竅，接下來就要介紹如何讓對方「感受到」利益的方法。

為了讓他出現「真想向她告白」的想法，我們可以使用**「米開朗基羅現象（Michelangelo Phenomenon）」**這個心理學技巧。

我們每個人心中都擁有一個「希望自己是這樣」的理想形象。如果妳的戀人能夠理解這個理想形象，肯定能讓妳感到非常開心。所謂「米開朗基羅現象」，指的是妳不僅能夠理解他，而且還能促使他作出接近該理想形象的行動，並讓他能夠更加接近他自己理想中的形象。

事實上，到目前為止我們花了這麼長的時間來擬定計畫，其實都是為了要能夠在對話當中刻意引起「米開朗基羅現象」。

那麼，我們現在立刻以剛剛的例1（男性特質制約→對女性溫柔，具備影響力，有野心．戀愛類型→熱烈型）為範本，看看必須進行什麼樣的對話，才會讓他忍不住想要主動告白。

阿克　「妳曾說想要轉職到外商公司。我一直都在各大外商公司工作，人脈還算廣，說不定可以幫上一點忙。那妳有感興趣的公司嗎？」

美咲　「我對外商公司只有一個籠統的印象，目前還沒有馬上轉職的打算，說實在的，我還真說不出對哪一家有興趣。可以告訴我你之前工作過的每一家公司的狀況嗎？我想應該有些事情是只有在裡面打滾過的人才知道的吧。」

阿克　「說得也是。〇〇這家公司嘛～（略）」

美咲　「你在這個業界裡，也已經一路攀升到擁有相當影響力的地位了呢。」

阿克　「是啊，我的確是抱著成為業界頂尖人士的野心，一直努力到現在。」

美咲　「你現在已經是頂尖人士了，那你的下一個目標是什麼呢？」

阿克　「這個嘛，被妳這麼一問……我這才明白最近自己在工作上沒什麼明顯成效，可能就是因為我沒有明確掌握自己的定位的緣故。謝謝妳讓我注意到這件事。不過先不管這個，因為我想要幫上妳的忙，總之先找幾個我在外商公司裡的熟人來聚個餐吧。」

美咲　「謝謝你！我好開心喔。如果可以先和他們見面好好聊一聊，我想我心中對外商公司的概念一定會變得更加鮮明。」

阿克為自己打造的理想形象，就是在對自己的工作懷有野心的同時，還能在一段戀情之中成為女朋友的英雄人物。為了使他的理想形象成真，就必須像這段對話範例一般進行對話。

對話的重點，在於將滿足他的野心、以及讓他成為美咲的英雄人物這兩點時時刻刻綁在一起。

我們順便也來練習看看例2（男性特質制約→頭腦好，勇氣十足・戀愛類型→神經質型）的狀況吧。

真一　「真美明明這麼可愛，而且在各方面都很有才華，為什麼會沒有自信呢？我真的覺得很不可思議。」

真美　「為什麼真一會知道我對自己沒什麼自信呢？我們明明只見過兩次面而已。不

真一　只沒什麼自信，我其實連半點自信也沒有。」

真美　「看得出來。我只有在冷靜分析過對方之後，才有辦法和對方打交道。不管是作朋友還是工作方面都一樣。」

真一　「意思是說，真一閱人無數，分析眼光是掛保證的囉。那我該怎麼做才好呢？」

真美　「既然我覺得妳很棒，那麼就當作是這麼回事吧？」

真一　「那倒是。畢竟像真一這麼厲害的人都認同我了。」

真美　「其實我會空出一段自我陶醉的時間，告訴自己『我是世界第一』。因為想要獲得別人的認同不是那麼簡單的事。」

真一　「自我陶醉的時間，聽起來真是有趣。話說回來，前陣子好像說要召集各部門的負責人，舉辦一個類似傑出主管研習的活動，你報名了嗎？」

真美　「嗯……是有一點興趣，但我還在猶豫。」

真一　「我覺得你才是最適合參加的人。」

真美　「妳也這麼認為嗎？那我就去試試看，挑戰一下，看看自己可以發揮多少能力吧。」

真一的意圖是一邊分析真美的性格，一邊展現他聰明過人的頭腦。

就算內容多少有錯，此時也要說出「為什麼你會知道呢？」來奉承他。這是為了捧他有辦法提出一針見血的分析，以及滿足神經質型特有的「想要掌握她的一切」的願望。

再加上他希望自己是個勇氣十足的男人，因此妳只要稍微推一把，讓他決定參加原本感到猶豫不決的研習會，他就會覺得自己更加接近自己的理想形象。

相信妳在看過這兩個例子之後也已經注意到，雖說是要讓他知道他能獲得的利益，但是我們實際上使用的手法卻是相當間接的。

舉例來說，儘管他想要成為女性心中的英雄人物，但我們該拜託他做的並不是「幫我拿包包」、「幫我解決煩惱」之類的事。妳應該協助他實現的是他在社會上的理想男性形象，而不是對妳有直接影響的事。

男性是社會性的動物。**能夠讓他在與社會連繫之處感受到利益的女性，才能從「其他眾多女性」當中脫穎而出，得到他的愛。**

瞄準「他正陷入低潮的時候」！

截至目前為止，妳已經做好完善的計畫並充分實行，成功站上戀愛的第4階段，打下了非常完美的基礎。

而他也已經開始想要讓妳成為他的女朋友了。之後只要反覆在他身上運用先前介紹過的「米開朗基羅現象」，對方開口告白的時刻指日可待。當然，妳主動告白、開始正式交往的基礎也同樣準備完成。

請妳仔細想一下。當男性向妳提出交往的要求時，如果妳已經做好「他對我有意思。如果是他，交往看看也無妨」的心理準備的話，應該馬上就會答應。相反的，如果妳還沒有做好心理準備，或者妳並不覺得可以答應他，那麼不論對方的告白有多麼動人，妳的回答應該都會是NO。

他也是一樣的。如果沒有按照順序進行，突然聽到妳的告白一定會讓他感到困惑，自然也沒辦法回答妳。要是沒能讓他事先想像一下「如果她是我女友會是如何呢？」他就無法做出判斷。

因此，**妳一定要耐心等待基礎和準備工作完成，而且時機也成熟的那一刻**。如果沒有在時機成熟之前作好準備工作，就不可能開始交往。這就是現實。

那麼，根據一般的調查結果，對告白有利的條件如下：

①認識時間在三個月以內。
②在告白之前有兩人獨處的機會。
③在18點至23點這段期間內告白。
④不只是告訴對方喜歡他，還要明確地提出想和他交往的要求。

但是根據其他的調查結果，亦顯示出告白方式的不同對於成功機率並沒有特別影響，只有兩人之間發展到告白之前的過程會造成差異。

妳應該也是如此吧。假使一名妳不感興趣的男性，口裡說著彷彿會出現在戀愛教科書上的句子對妳告白：「在妳面前，我可以展現我的一切。只有妳可以讓我感到安心。沒有妳，我就活不下去。請和我交往」，妳應該還是會回答「對不起，我沒辦法答應」。

妳一定要確認時機是否已經成熟。換言之就是確認是否已經充分運用「米開朗基羅現象」。

若妳已經準備完成，那麼他應該也早就開始主動出擊了。例如主動約妳出門，或者是沒事傳簡訊給妳等等。

相反的，如果妳已經做到這個地步，他卻仍然沒有什麼主動出擊的行動的話，很遺憾的，沒希望的可能性便相當高。

我在女公關時期，一旦出現了我無論如何都想負責的客人時，就會花一段很長的時間，讓他把注意力轉到自己身上。

例如某位客人（T先生）就花了我兩年之久。在這段期間，我始終努力不懈地利用對話告訴他，讓我成為他的專屬負責人會有哪些好處。結果，兩年後我向他提出「請讓我成為您的專屬負責人」這要求的時候，T先生二話不說就答應了。之後他對我也是極度的信賴。這都是因為我花了兩年的時光，不斷強調自己會好好對待T先生的結果。

前來找我討論戀愛問題的客戶當中，其實也有好幾位堅忍不拔的女性是從國中或高中時代就開始喜歡對方，經過十年以上的光陰才總算美夢成真。

這些例子有點偏離一般的告白條件，但是如果妳無論如何都想和他交往的話，就算偏離了普遍認為有利於告白的條件，仍然需要不屈不撓地持續給予對方好處，直到時機成熟為止。

那麼，雖然和前面的說法有些矛盾，不過只要妳多少做好了一些事前準備，就算時機尚未成熟，也能利用「某個時間點」來促使告白奇蹟似地成功。

這個奇蹟般的時間點，說穿了就是**「當他陷入低潮的時候」**。

根據**「好意的自尊理論」**，當我們對自己失去信心的時候，人會有一種傾向，那就是容易喜歡上那些對自己抱高度評價、讓自己恢復自信的人。所謂奇蹟般的時間點，其實就是善加利用這個「好意的自尊理論」。

換言之，**儘管時機尚未成熟，希望似乎也不大，但是只要在他沮喪的時候出面安撫，讓他重新恢復自信，妳仍然有可能演出奇蹟似的大逆轉戲碼**。

舉凡他在工作上遭遇挫折、和朋友吵架、被其他女性拋棄、因生病或受傷而感到意志消沉等，這些時候都是妳的好機會。

如果他是因為工作遭遇挫折而沮喪的話，不妨試著這樣和他搭話：

「阿步，有關這份文件，我已經做到這裡，可是接下來的部分就不知道該怎麼做了，你可以教教我嗎？」

這是為了提高他對自己工作能力的「自我效能感」。

或者，當人感到沮喪的時候都希望能被溫柔對待，所以：

「阿步，有時間的話要不要去喝一杯？最近工作好忙，總覺得累積了不少壓力。真想和你痛快喝上一杯。」

像這樣利用自己想喝一杯的理由來進行邀約，也是不錯的方法。當男性陷入低潮時，雖然他們渴望依賴某個人，但是他們同時也抱著不想向人示弱的「男性特質制約」，因此絕對不可以先把鼓勵的話語說出來。

只要一有機會便協助他恢復自信，並趁此機會開口告白，相信妳絕對可以和他正式開始交往。

另外，在妳告白的時候，

「我喜歡你。我想正式以男朋友／女朋友的身分和你交往。」

只要清楚明白地這麼告訴對方就可以了。**告白時不需要任何古怪的小花招！**相對的，誠實表現出妳的告白之心毫無虛假，反倒能夠成為一項強而有力的技巧。

如何觸動他的心弦、讓他感受到「命運」的存在

在女性雜誌當中，經常可以看到「讓女性避之唯恐不及的男性告白用語特輯」。同樣的，在男性雜誌當中也會出現「這樣的告白會讓女性退避三舍」的特輯。

但是反過來，我們就很少看到「女性說出讓人退避三舍的告白」這類特輯。這應該是因為男性們其實都是十足的「浪漫主義者」，所以在告白的時候不小心過度講究用詞的關係吧。

比方說像這樣的句子：

「和妳在一起，讓我深深覺得我們前世一定也結下了不解之緣。」

「妳就是我引頸期盼的理想女性。」

「我和妳明明身處在完全不同的世界，能夠相遇一定是拜時空的扭曲所賜。我想要好好珍惜這場邂逅。」

「我們曾經失去連繫，竟然還能與妳重逢。」

前來我的心理諮商室的男性客戶們，經常和我討論「女性實在相當現實。總覺得她們都用放大鏡檢視我的職業、收入，或者個性認不認真等等，令人十分在意」，或者是「感覺我在金錢方面的弱點都被她們看光光，我實在沒有自信」等問題。

另一方面，女性們則總是和我商量男朋友在現實生活當中的行動都不伴隨著愛的證明，例如「雖然他很會說好聽話討我歡心，但是卻連生日禮物都不送」、「說什麼全世界最愛的就是我，但是一個月頂多只跟我見兩次面」等煩惱。

相信妳也已經從雙方的問題當中看出差異了。男人和女人就是如此不同。

因此，我們就來介紹如何在告白前的過程中反向操作這項差異，製造出連男性也會為之瘋狂的浪漫情境。

簡單來說，就是**觸動他的心弦**、**讓他感受到「命運」的存在**。

就算妳對他的研究還不夠充分，只要搬出這個方法，還是可以勉強向他提出交往的要求。

那麼，充滿浪漫情懷的男性心中容易被觸動的心弦主要分為兩種類型。**一種是對於「宿命論」沒輒的類型，另一種則是對「成長論」沒輒的類型。**

首先先來解說如何攻略對「宿命論」沒輒的類型。這類型男性的特徵是經常可以在他們的對話當中聽見以下發言。

「我們真的才認識沒多久嗎。感覺我們很合得來。」
「想不到我們連這方面的興趣都一樣。」
「我們的祖先搞不好是親戚呢。」
「我們真是太有默契了。」

經常注意到這些「偶然」或「偶發的一致性」的人，毫無疑問的一定是喜愛「宿命論」的浪漫主義者。

面對這類型的他，妳也必須刻意增加宿命性的發言。

他　「哎呀？原來妳也喜歡燒酒，跟我一樣呢～」

美優「真的耶。連這種小地方都一樣，真讓人開心～」

他「我去幫妳拿份沙拉過來。」

美優「為什麼你會知道我想吃沙拉呢？真神奇～」

他「我的老家在京都。」

美優「哇，我媽媽的老家也在京都。搞不好家人互相認識喔～」

請刻意地進行類似對話。

不過，這種程度的對話只能把妳變成和他很契合的人，之後就無法更進一步了。因此，請把目標放在更能觸動他「心弦」的浪漫對話。方法將在下文介紹。

幾乎所有的人或多或少都曾有心酸的過去。可能是關於家人，也有可能是關於自己年幼的時候。

因此，**我們可以運用他對家人或是年幼時期的心酸回憶，以及自己的類似經驗，讓他覺得自己和妳是注定要相遇的命運共同體。**

當我們從家庭當中獨立，成為獨自一人時，就會去尋求一份足以替代家庭的深厚感情關係。同時也會去尋找一個能讓自己安心、無論何時都會接納自己的存在。因此，當他覺得兩人未曾被家人滿足的需求相同時，就容易從對方身上感受到彷彿命運的安排。

妳可以展現出這一點，讓他覺得妳深深了解並且重視他心中那一塊未能填滿的部分。而他還會認為不需解釋就能了解他內心深處的妳，一定是他的真命天女，內心自然被浪漫氣息打動。

此時，為了了解他擁有什麼樣的「家族故事」，首先請妳先試著丟出幾個能夠得到相關訊息的問題吧。

「我從你身上感覺到你非常希望成為一個值得依賴的男性，莫非你的父親也是相當可靠的人？」

他所擁有的「男性特質制約」有可能就是他的父親本身；不過也可能因為討厭父親，所以理想中的形象正好相反。妳只要丟出這樣的問題，就可以促使他多談一點家人的話題。

他「我老爸不愛說話，常讓人猜不透他的心裡在想什麼，不過在重要時刻時他總是非常可靠。舉個例子來說，雖然他平常根本不怎麼聽我說話，可是當我被人欺負的時候，他卻發現了我的異狀。他不但好好地聽我說完事情的經過，而且還告訴我如何和其他人相處的方法。」

妳「原來如此。令尊真是太可靠了。可以再多說一點嗎？」

（再多聽他聊一陣子有關家人的事）

妳「原來是因為這樣，你才會給我一種既可靠又溫柔的感覺。這麼說你可能會覺得怪，不過和你聊這些事，讓我想起了我爸爸。雖然沒有你爸爸那麼帥氣，但我爸爸他也是平常說起話來有點木訥，可是其實既可靠又溫柔。」

如果能夠這樣破題的話，他的內心深處肯定已經捲起了「命運」的風暴。儘管不是完全相似也無妨，之後就再多聊一些比較相似的小故事炒熱氣氛吧。

當我們人類發現彼此的成長環境相似時，就會無條件地安心起來。這層心理作用有助於大幅縮短兩人之間的距離。

對於宿命論沒轍的他，代表時機成熟的信號是：

「不知為何突然想到妳。」

「我開始有點在意妳了。」

「我從來不曾像這樣主動邀人。」

諸如此類的甜言蜜語。當他說出這種話時，就表示差不多是可以進行告白的時候了。如果妳沒有告白，他也一定會再加一把勁，就好好期待吧。

接下來，我們就來解說對「成長論」沒轍的類型吧。這個類型的人在對話方面的特徵如下：

「接下來要做什麼？」

「前菜和下酒菜都已經送來了，下一道應該是主菜了吧？」

「時間還早，應該還可以再續攤。」

「妳要不要稍微思考一下這個主題？」

「我想聽聽妳的意見。」

「一起開開心心地玩吧。」

諸如此類，如果他時常拘泥於程序或優先順位、經常採取想要一起進行某件事的態度、常常說出想要一起開心遊玩之類的話，就表示他是抱持成長型浪漫思想的類型。

像他這種類型的人，最喜歡的狀況就是「兩人同心協力面對困境」。在戀愛當中則是強烈希望「兩人一起逐步建立關係」。和這類型男性最不相配的女性類型，就是會逃避問題，一切都交給對方決定，完全不表示自己意見的女性。

接著，如果能在約會時進行如下對話，一定能夠刺激到他的成長型浪漫思想。

他「怎麼樣？決定好要吃什麼了嗎？」

美春「一樹是食量大的人吧？我吃不了那麼多，所以只要兩道前菜和義大利麵，再加上魚或肉應該就夠吃了。」

他「說的也是。總之就先這樣吧。那我們就各自挑自己想吃的東西，然後再點比較吸引人的那一道好了。」

如此，兩人依照順序、同心協力地決定了點餐內容。下一步就是要丟出可以獲取資訊的問題了。

美春　「一樹真的不管做什麼事都井井有條。平常工作時也這麼乾淨俐落嗎？」

他　「是啊。我工作算是比較有計畫性的。畢竟時間也有限，所以不管什麼時候我都希望可以效率十足。」

美春　「我可能也算是做事有計畫的人。再加上我又比較貪心，所以跟人約見面時，我也會考慮能不能從對方身上學到什麼。」

至此，先若隱若現地表現出自己隨時都想要成長、勤勉向上的心。

他　「我也是這樣。和那些不能促進自己成長、進步的人在一起，根本是浪費時間。」

美春　「對了，前陣子你不是說有一部你很推薦的電影嗎？那部電影讓你學到了什麼？我好想知道。」

將談話內容轉換成與成長、上進心有關的話題，繼續談話。

妳在敘述和自己有關的事時，也要不時說出自己學到了什麼，或是採取了什麼樣的行動以度過工作上的危機等等。不管多麼微不足道的小事都要說。

像這樣，**要是妳能夠不時說出一些隱含成長或進取之意的關鍵字，就能刺激他心中「這個女性可以和我一起開創人生」的浪漫思想，瞬間拉近彼此之間的距離**。

妳必須和他約會數次，並和他共同經歷他在工作上達成某項成就的完整過程，向他告白的時機才算真正成熟。具體來說，就是在某個企劃案告一段落，或者是繁忙期結束的時候。在這些時機告白最好。

最後，就讓我介紹一個兩種類型都適用的告白絕招，讓妳告白時既不會讓自己、也不會讓對方覺得尷尬。

說是絕招其實有點誇張，因為這只是一件非常理所當然的事。那就是**一定要準備個臺階讓他下**。

男性其實出乎意料地不習慣被人告白。社會上也流傳著「必須由男方開口要求交往」的規則。就算是極受歡迎的男性，主動告白的次數還是會比被人告白的次數多。

因此，妳在告白之後一定要補上一句：

「你可以不必馬上回答。好好考慮之後再告訴我答案。」

儘管他應該也隱約知道妳會告白，但是一旦真的聽到告白時，心裡也一定還是會覺得手足無措。如果妳連他的心情都有辦法顧慮到的話，相信他一定會選擇妳的。

第 6 章

如何在不引起不快的狀況下說出自己的真心話

受人喜愛女性的「巧妙表達心情的方法」

開始交往之後，女性對男性的要求就會慢慢增加。

我在第1章也有提過，妳和他之間的關係運作是基於「交換原理」。簡單來說，兩人之間的權力平衡是由初期的對話內容決定，如果妳是靠著強迫自己委曲求全才獲得他的愛的話，當妳碰上不得不主張自己意見的時刻，就會十分困擾。

想要告訴他自己希望他怎麼做，或是表達自己的不安、憤怒等情緒。一旦妳突然開始主張這些事情，對他而言就會產生多餘的成本，最後甚至可能導致關係出現裂痕。

因此，這1章的目的就是要讓妳學會如何平順地向他提出難以啟齒的要求，同時還能保持良好關係的說話術。

順帶一提，女公關和客人之間一定會無可避免地形成上下關係。

舉例來說，在酒會之類的場合上，當妳覺得自己已經不能再喝了，通常都可以拒絕。

受人喜愛的女性的說法	受人厭惡的女性的說法
週末好想要兩個人一起悠閒度過。	你的工作很忙吧。
你可以不必替我思考解決的方法，只要聽我說，我就很開心了。	你都沒有在聽我說話。
偶爾也一起去我想去的店吧。	每次都是你一個人做決定。
兩個人一起吃飯的時候，如果你願意稍微控制一下酒量，那樣我會很高興的。	你為什麼總是喝那麼多酒？
我傳簡訊給你的時候，真希望能看到你回信。就算只有一句話也好。	你最近好冷淡。你真的喜歡我嗎？
偶爾也讓我在想撒嬌的時候盡情撒嬌嘛。	我覺得我們好像只有在你有空的時候才見得到面。
偶爾對我說句喜歡我吧。聽到這句話很讓人開心的。	你真的喜歡我嗎？

但換作是女公關，則經常會碰到有些人無視於妳的意願拼命灌妳喝酒的情況。

當我還是新人的時候，曾經因為無法巧妙拒絕而造成急性酒精中毒，最後直接從店裡被送到醫院去。這個事件讓我萌生「自己的身體要靠自己保護」的強烈念頭，於是開始反覆進行各種嘗試，並在失敗中學習，如何在不傷害對方感情的同時，告訴對方一些難以啟齒的話。

自己保護自己的想法，在談戀愛的時候也適用。畢竟到頭來，能夠讓妳的戀情一帆風順或迅速瓦解的，都是妳自己。

受人喜愛的女性和受人厭惡的女性，妳比較接近哪一邊呢？請參照上方的圖表進行自我診斷。

相信妳在看過這些例子之後也已經發現，和受人喜愛的女性相比，受人厭惡的女性都有一個共同特徵。

受人厭惡的女性說話時的特徵就是「拐彎抹角的攻擊」。但是這些女性都把這種「攻擊」當成是一種可愛撒嬌用語說給他聽，完全沒有注意到在這拐彎抹角的說法之下，其實潛藏著「攻擊與憤怒」。

直接當著對方的面說出過分的話，這樣當然算是一種攻擊。但是兜個圈子說出口，同樣也是一種消極的攻擊。這種拐彎抹角的態度會縮短戀情的壽命。請學會不要說得太過分，但又能明確表達自己想法的說話方式。

讓我們重新回顧一下剛剛的圖表。這次把焦點放在受人喜愛的女性的說法上。

受人喜愛的女性會在說話時加入「我」這個主詞。相較之下，受人厭惡的女性則是以「你」作為主詞。

這是說話術當中的基本常識，如果妳用「你」這個主詞開頭的句子來表達自己的心情，通常都會傳達出間接的攻擊與責難之意。

相反的，如果用「我」作為主詞來描述對方的行動時，妳的願望就會傳達出去，對方也會心情愉悅地傾聽妳說的話，進而改變他的言行。

內向的人原本就已經很不擅長表達自己的心情，要使用以「我」開頭的句子進行對話可能也很吃力。但要是不用「我」開頭的句子來說出自己的想法，很容易就會變成自我防衛和攻擊他人的對話。

這類情況並不只侷限於戀愛當中。「明明大家說的話都一樣，為什麼對方聽得進她的要求，卻聽不進我的要求？」若是妳曾有過類似的經驗，就表示妳一定是說出了含有自我防衛和攻擊意味的話。

「要是能像那樣坦率地說出自己想說的話就好了。」

那些令妳既羨慕又厭惡、有如小惡魔般的女性，妳和她們的差異其實就在這裡而已。小惡魔般的女性其實並沒有什麼特別的小聰明，應該說她們只是深愛著他、為他著想，並且誠實地表現自己而已。就我看來，那些批評小惡魔女性的其他女性們才是死命地在保護自己，實在有點狡猾。

受人喜愛的女性，就是時時考慮他的利益，選擇自己的用詞和表達方式，不淪於自我防衛、對他敞開心門的女性。

首先，請妳一定要養成以「我」為主詞來傳達自己的想法與心情給對方的習慣。

這個方法不只可以運用在難以啟齒的事情上，還能傳達出歡喜、感謝等各種喜怒哀樂之情，可以說是萬能的「情感表達方式」。

成為受人喜愛的女性其實出乎意料的簡單。

不會被視為耍任性的「請求」方法

男女之間的相遇，就像是兩個語言完全不通的美國人和日本人遇見彼此，並且開始聊天一樣。而戀愛可能就像是「跨文化交流」。

在這十幾年當中，妳和他是在完全不同的環境下，作為完全不同的兩個個體分別長大成人。不管是想法、看待事物的方式、習慣、對同一個詞彙的解釋都完全不同。

比方說，他心中的想法有時會和他說出口的話不一樣；或者是對他來說，「謝謝」這個詞代表的是「好厲害」的意思等。發現對方和自己不同的那一面，然後在自己的想法、習慣、詞彙解釋上做出妥協，這就是男女交往的過程。

之後再一起創造出專屬於妳們兩個人的共同世界觀，逐步建立起能夠讓彼此安心的關係。這就是戀愛的一切了。

換句話說，由於雙方來自兩個完全不同的國度，所以必須在剛開始的時候互相妥協、讓步，才有辦法互相理解。

唯獨那些戀情不順遂的女性們會認為既然他是我的男友，當然要了解我的一切；如果兩個人的步調不一致的話就會感到不高興。

一旦抱持著這種想法，只要對方和妳有一點點不同，或是採取了妳難以接受的態度時，妳就會拼了命地想要改變對方，對他的要求也變得更多，吵架次數也隨之增加。

然而，**男性是極度厭惡被他人改變的。過於積極地想要改變他，有時也會變成兩人分手的原因**。請一定要小心。

如果妳能學會和對方妥協、使彼此關係和諧的說話術，他就會一直愛著妳。而這一節當中，我們要介紹的就是如何拜託他採取其他行動，以及如何讓他停止妳希望他停止的事。

那麼，馬上就來出題。

對於他每次約會所挑選的餐廳，妳其實並不滿意。尤其是他挑選的那些店家的服務態度都不是很好，總覺得每次心情都會因此變差。和價位高低無關，妳希望他可以盡量選擇重視服務態度的餐廳。

現在，妳會說些什麼話，來讓他改變選擇餐廳的標準呢？

妳「　　　　　　　　　　　　　　　　　　　　　　　　　」

在對答案之前，我們先來看看幾個常見的錯誤答案吧。

①「要到什麼時候，你才會重視我的感覺？」

②「請帶我去一些感覺不同的店吧。」

③「都已經交往半年了，你連我喜歡什麼樣的餐廳都不知道嗎？」

③屬於直接的攻擊，所以不做討論。至於①和②則屬於間接的攻擊。假使他用上述方式對妳說話，妳覺得自己還能平心靜氣地聽他說話嗎？

那麼，現在我們就來介紹正確答案吧。

第一個重點，就是明確地說出自己的希望和願望。

會把請求變成埋怨或吵架的女性，其實自己也不太清楚自己的願望是什麼，因此容易和他發展成情緒性的爭吵。這個例題刻意點明了妳希望他帶妳到「重視服務態度」的餐廳，所以妳必須先明確地告訴對方這件事。

「今天這家店的氣氛也很棒，謝謝你總是費心挑選。不過，我吃飯的時候比較喜歡服務態度良好的餐廳。下次想去可以開心接受款待的餐廳吃飯。」

如此，**一邊向他表示感謝，一邊以「我」作為主詞，明確地表達自己的希望。**

接下來第二個重點，因為妳的請求是為了改變他的行為，因此也要**讓他知道妳的強烈請求意願。**

同時，妳還要確實知道他對價位究竟有多堅持，避免陷入無聊的情緒性爭吵。

「如果用0到10分來評分的話，對我來說服務態度是最重要的滿分10分。對你來說，想在高級餐廳用餐這件事有多重要呢？」

像這樣以貼近現實面的談話，將兩人心中重視的價值兩相對照，並互相妥協讓步。

妳不必勉強自己完全配合他的做法，當然也不需要強迫他服從妳。談話時將重要性以0～10分來衡量，就可以藉此冷靜聆聽彼此想要說的話。

最後第三個重點，為了避免誤解和臆測，一定還要再釐清一件事。因為妳的10分和他的10分所擁有的強度是不同的。

因此，在妳聽到他的回答之後，請再問下面這個問題。

「你的5分大概是什麼程度呢？我的5分是如果有也不錯，但是沒有也可以忍耐的程度。」

聽過他的回答，決定彼此可以為對方退讓多少之後，妳們不但不會吵架，甚至還能加深對彼此的了解。這就是加深彼此愛意的「請求對話」。

那麼進入下一個問題。妳的請求應該在下列哪一個時間點提出來比較好呢？

①進入店內點完菜，等待料理上桌的空檔。

②吃完飯之後回家的路上。

③當店員的服務態度不好的時候。

④改天再傳簡訊告訴他，或是下一次約會時。

正確答案是③「當店員的服務態度不好的時候」。

妳的請求一定要在當下說出來。當妳實際遭受到令妳難以忍受的服務態度時，就要馬上對他提出要求。由於他也才剛經歷過和妳一樣的不愉快經驗，所以非常能夠理解妳的心情。同時他也會比較容易覺得實現妳的願望是理所當然的事。要是他並不這樣想，他也比較容易具體說明自己為什麼不這麼想。

除了③之外，其他時間點都會變成是在翻舊帳，成為破壞現場氣氛的發言。不但原本聽得進去的話變得聽不進去，甚至可能變成兩人之間出現裂痕的原因。

那麼，我們再多看幾個例題。要怎麼開口請求才會順利成功呢？請妳自行思考看看。

✧例1

要怎麼做，才能讓假日總是在家無所事事的他陪妳出門去玩或是約會呢？

妳「　　　　　　　　　　　　　　　　」

✧例2

要怎麼做，才能讓不聽人說話的他聽妳說話呢？

妳「　　　　　　　　　　　　　　　　」

例3

當他送了妳不喜歡的禮物時，要怎麼提出「下次請送我想要的東西」的要求呢？

妳「　　　　　　　　　　　　　　　　」

正確答案分別如下。

1「工作辛苦了。最近工作很忙吧。在知道你目前狀況的前提下，我有一個重要程度7的要求。假日的時候想要出門玩一下。假日還是會想要好好跟你約會一下。真希望今天可以實現這個願望。我們晚餐去外面吃吧！在附近就可以了。」

2「我可以提一個重要程度10的要求嗎～？你可以不用思考要怎麼幫我解決，只要聽我說說就好了。我這個人，只要男朋友願意聽我說話，就會感受到愛而滿足了。很奇怪對吧（笑）。不過我就是這樣的人。請聽我說一下好不好？只要10分鐘就夠了。」

3「謝謝，我好開心。下次我想要愛心形狀的耳環。拜託你囉♪我很期待喔～」

如果妳擔心說出這種話可能會被討厭，而決定忍耐不說，長此以往累積的情緒一定會在某一天爆發的。與其在爆發之後讓自己和他的關係惡化，還不如趁著可以輕鬆討論的時候說清楚會比較好。

明明是要和他一同建立兩人世界的，但妳要是一直都只用自己的觀點來看世界，到頭來妳都會是孤單一人。

會陷入這種狀態，有可能並不是因為他不夠愛妳，而是因為妳一直躲在自己的世界當中也說不定。

我們擁有語言。相信妳一定也希望能夠運用語言表達彼此的心情，最後互相理解。現在就讓我們和唱獨腳戲的戀情說再見！

正因為是「內向的妳」才辦得到！表達不快的方法

內向的人，心裡出現的第一個念頭往往都是不想被人討厭，因此總無法適當掌握表現喜怒哀樂的時機。儘管心裡知道要是可以在適當的時機讓他知道自己的感覺，事情就不會發展成吵架或是分手，但還是習慣把情緒往肚子裡吞。

特別是「憤怒」，可說是內向者的天敵。

內向的人甚至覺得自己不可以出現憤怒的情緒，或者認為憤怒是一種恐怖的東西。因此她們會關閉自己在憤怒方面的情感迴路，盡可能避免讓自己感受到憤怒。也因為如此，當她們真的感到憤怒的時候，就已經是「氣到再也無法挽回的程度」了。

至於為什麼會發展成這樣，是因為內向的人心中的怒氣並非「再也受不了了」、「太火大了」等一時的激情，而是由許許多多「討厭」、「我不喜歡這樣」、「我其實並不這麼想」等級的情緒累積而成的「為什麼總是只有我一個人要忍耐！你根本不懂我的心！」的爆發性憤怒。

憤怒爆發的結果，會讓人陷入種種複雜的情緒交錯在一起的混亂狀態。那些情緒可能是沒有人願意了解自己的悲傷、長期壓抑的痛苦、擔心會被討厭的不安等等。

到最後，就會演變成男性最不想看到的「任由情緒突然爆發　↓　哭泣」的糟糕對話內容。

在事情發展到這個狀況之前，妳和他之間已經出現了第２４７頁圖表當中的認知差異。

他沒有辦法得知妳心中或腦海裡的想法，只能透過妳表現出來的行動來判斷妳是什麼樣的人。於是最後的結果就如同圖表所示，他只知道妳是個一切都ＯＫ的人。然而有一天妳卻突然對他說：

「為什麼你都不了解我呢？你都沒有在注意我。其實你根本就不喜歡我吧！你一定有劈腿對不對！」

他會出現無法理解的反應，其實是很正常的吧。

雖說男性原本就比較不擅長同理女性的感情，但是在此之前，妳的反應對他來說簡直意義不明，會讓他不知道該怎麼處理。

如果妳曾經想過「他都不常回我簡訊，有點不開心，希望他可以改善」的話，請試著在當下告訴他。如此一來會出現什麼樣的結果呢？

因為妳是在情緒陷入混亂之前就和他商量這件事，所以應該可以在兩人之間出現隔閡之前就解決。而且也不會變成什麼麻煩事。他應該也比較能夠理解妳的想法。這樣一來，不僅可以立刻解決問題，也更容易讓他看清自己的所作所為。

此外，**內向的人若是想要避免這種無意義的爭吵，最重要的就是採取不同於一般生氣時會採用的溝通方法**。

第一步，妳必須學習在當下察覺到任何會讓妳出現「與其被他討厭還不如不說」的想法的事。

第二步，當妳學會去察覺這些事情之後，接下來就要思考應該怎麼對他說，才能在當下立刻解決事情。

第三步，等到妳習慣了察覺和思考兩個動作之後，就要把自己的想法當場告訴他。

不過，要是妳已經累積了一定程度的輕微怒氣、到達了忍耐的臨界點，就請採用下列的方法。

第一步，認清所有讓妳累積怒氣的事情、當時妳真正的想法、妳對他的訴求。然後參考下頁圖表中的「妳真正想要採取的行動」一欄，全部條列出來。

第二步，列表之後，請從重要性高的項目開始逐一告訴他。此時一定要一一取得他的認同，和他達成共識。無論如何都要慢慢來。

如果妳沒有使用這個方法，直接找他商量的話，就會混入一些不必要的情緒，無法保持理性。而妳的情緒一旦失控，妳就會搞不清楚自己到底希望他怎麼做了。

連妳自己都不知道的事情，當然也不可能傳達給他知道。所以他也感到困惑，接著心情變差，甚至發怒。這麼一來，又踩中了內向的人心中的另一個地雷。

那就是對對方的怒氣所抱持的恐懼感。

內向的人原本就比一般人更加害怕被人討厭。因此當他發怒的時候，內向的人馬上就會深信自己已經被討厭了，然後變得無比絕望，並把所有的錯都歸咎在自己身上。

最後妳的心中只會充滿害怕失去他的恐懼感，還有將一切怪罪於自己的罪惡感。

之後，為了讓他盡快平息憤怒，妳應該會一再向他道歉。可是這麼一來，他會覺得妳的態度看起來一點也不認真，變得更加不高興。而妳看到這種情況後便開始驚慌失措，也越來越聽不進他說的話……就這麼不斷地惡性循環。

為了斬斷這個惡性循環，請先讓對方知道妳很不擅長處理別人發脾氣的狀況。

累積怒氣的狀況	妳的感覺和想法	妳的行動	妳真正想要採取的行動	他的認知
很少回覆簡訊	好寂寞。真希望他可以多回簡訊。可是我不想被他討厭，還是忍下來吧	什麼都不說，配合他回覆的步調，或仍持續傳簡訊給他，但已不期待他回覆	想要拜託他「希望你可以多回簡訊」	回簡訊的頻率目前這樣就夠了
明明是假日，卻總是在家裡無所事事，不願出門約會	好想出門。可是他最近好像很累，我還是忍耐一下好了	和他一起在家無所事事	希望讓他知道「我今天是在忍耐」	假日可以這樣過
就算做飯給他吃也沒什麼特別反應	他到底是覺得好吃還是難吃呢？還是我做菜給他吃他反而覺得困擾呢？真希望他可以告訴我。可是我不想讓他覺得我煩人，所以還是別問了	只問他一次「好吃嗎？」其他什麼也不問	想要對他說「為了當作下次做菜的參考，希望你可以告訴我好不好吃、或是想要我怎麼做等等，盡量多給我建議」	雖然我什麼也沒說，但是至少感謝的心情已經傳達出去了
約會時一直在玩手機	真是的，他是不是有小三？可是如果是工作的話就不能打擾他，還是忍耐好了	不特別對他說什麼，靜靜等待他玩完手機	想要拜託他「希望你盡量不要在約會的時候玩手機」	約會時玩手機也沒關係
每次去看電影都只看他喜歡的動作片	偶爾也想一起去看我想看的電影。不過要是惹他不高興就不好了，還是忍忍吧	表示同意，去看他喜歡的電影	想要對他說「我不想看這部電影」	她應該也喜歡動作片吧

舉幾個例子：

「看到你剛剛不高興的樣子，讓我很害怕。」

「等一等，我想讓自己冷靜下來。」

「我很怕別人用這麼兇的語氣和我說話。請先等一等，我想讓自己平靜下來。」

可以用上述這些說法來說明自己的狀態。

如此一來，他就會知道妳是真的有心想要了解他發怒的原因並試圖作出回應。發怒的人一旦知道對方願意傾聽自己發怒的原因，就會變得冷靜下來。因為所謂憤怒的情緒，只有在想要主張自己的正當性時才會爆發出來。

平常我傳授表達憤怒的說話技巧時，其實通常都會介紹避免說得太過分的技巧。但是對內向的人來說「說不出口」才是引發怒氣的原因，因此特地介紹上述的方法。

由上可知，統稱為「憤怒」的情緒，表達的方法仍舊各有不同。**請內向的人銘記在心：最重要的就是盡快把「自己不愉快的心情」告訴他。**

「用眼淚博取同情」最要不得！表達妳心中不滿的祕訣

「我沒有辦法把自己當成『價值非凡且魅力十足的女性』」……會這樣想的內向女性，總是會忍不住想要確認對方的愛意。因為只有找到愛情的證據，才能讓她們獲得「自己存在這世界上是有價值的」的安心感。換言之，她們是為了讓自己感到安心，才利用了他的愛情。

但是當事人卻完全沒有發現自己其實是利用了他的愛情，來讓自己感受到生存的意義，因此只要她們覺得「我們明明是情侶，但是可以證明你愛我的證據太少」的時候，就會開始責怪對方的言行舉止。

然而，內向的女性「表面上」並不會責備對方。她們通常都會迂迴地使用「你最近很忙」或是「多注意我一點」之類的間接性攻擊；不然就是一邊哭一邊對男方說「我們真的有在交往吧？」以爭取同情……試圖運用各式各樣的手段來順著自己的心意控制男方。

避免直接責備對方，乍看之下似乎可以在不激怒對方的情況下表達出自己的意見，也就是說，看似是為他著想的行為。

可是真的是如此嗎？

妳會不會只是在妳真正的心聲，也就是在妳想要按照自己的期待改變他的自私心態上披了一層假皮掩飾呢？

其實男性能夠敏感地看透假皮的內部──「這個女人想要控制我」，因此根本不會理會妳的憤怒或眼淚。不只如此，他們還會漸漸覺得麻煩起來，最後他的心就會遠離妳。

如此，**戀愛中男女的爭執點，最後都在於女方是否能從男方的行為舉止當中找到他究竟有多愛她的證據**。

剛開始的爭執是起於簡訊、電話和約會的頻率，以及禮物等數量方面的問題。之後便擴大到「他對待自己是不是不夠認真」、「他是不是已經厭倦自己」等質量方面的問題。到最後，各式各樣感緒情混雜在一起，事情再也無法收拾。最終結果大致上可分為兩種：一是發展成憤怒而吵架；二是「向他泣訴」自己的悲傷與不安。

因此，我希望能夠讓妳學會一個說話技巧，那就是不要直接表達妳心中那份與「不安」和「悲傷」相結合的「不滿之情」，而要把它轉化成促使兩人關係更加和諧的「提案」再告訴他。

要怎麼做，才能不直接表達「不滿之情」，並轉化成促使兩人關係更加和諧的「提案」呢？

首先，**第一個重點，就是要練就對自己的情緒更加敏感的感應能力**。

具體來說，就是搞清楚他的哪種行為會讓自己覺得「好冷淡」、「不親切」、「根本不理我」；另一方面也要了解他做出哪些行為能消除自己的不安。最後再思考這麼做會幫他帶來什麼樣的利益。

如果能把不滿與解決方案（附加他的獲益）配套提出的話，單純的不滿就會變成促進兩人關係和諧的提案。然而當妳要告訴他的時候，請注意下列四點：

①同樣的不滿只說一次。不要一直重複說個不停。
②傳達時必須根據事實。
③傳達時要在事實當中加進自己的心情與感覺。
④傳達時要注意不要丟了他的面子、傷害他的自尊心以及「男性特質制約」。

現在問妳一個問題。

當妳覺得他「好冷淡」、「不親切」、「根本不理我」的時候，妳會做出什麼提案？

妳「　　　　　　　　　　　　　　　　　　　」

首先，請妳先思考一下，造成「他不理妳」這項事實的事情，具體來說是什麼樣的事呢？

當他對妳做出這類言行舉止的時候，妳心裡的感覺如何？

還有，當他理妳的時候，他會得到什麼好處？

當妳思考他的獲益時，請同步對照他的「男性特質制約」，並且選擇不會傷他面子的用詞。

舉個例子，如果他的「男性特質制約」是「有錢、會賺錢」、「具有決斷力」、「對女性要溫柔」的話，應該就能用下面的例子傳達給他知道。

妳「上次的約會，跟以前的感覺很不一樣。你的話變得比較少，而且一直在意手機，總是心不在焉的，我有一種你好像只是因為跟我約好了，所以才勉強出來約會的感覺。

我心目中的你總是能夠全心全意地跟我約會，而且約會的時候會仔細聽我說話，就算手機響了也不放在心上。每次約會的時候我都會覺得自己真的有被愛的感覺，非常幸福。

可是我感覺上次的約會和之前的經驗似乎正好相反，所以覺得很不安。因為平常你都很溫柔，這不太像你的作風。我甚至有點擔心，想說會不會是被你討厭了。所以，我現在有個想法，你可以聽聽看嗎？」

他　「什麼？老實說我並沒有要對妳冷淡的意思。」

妳　「對不起，可能是我想太多了。你一直都非常重視你的工作，像上次那樣無法集中精神在約會上面，我想一定是因為工作上有一些煩心的事。這種時候，如果你可以告訴我『今天有點煩惱工作上的事，表現可能會和平常不太一樣』，我會很開心的。」

他　「唔～。我自己是完全沒那個意思，所以可能沒辦法事先跟妳說。而且妳想太多了。」

妳　「說的也是。因為我是那種只要一點小事就會自尋煩惱的人。只是，我又很怕開口問，害怕問了，你就因此而討厭我。我最大的願望就是和你一直快快樂樂的在一起，所以我才會想要想辦法消除上次感受到的不安。但是我又沒辦法一個人解決……。你願意幫幫我嗎？」

他「好吧。雖然我覺得妳想太多了，不過我也會稍微注意一下啦。」

剛開始只要能達成這種程度的共識就夠了。等到他又出現同樣的舉動時，妳就再提案一次，讓他的協助程度慢慢上升。

但是話說回來，就算妳提出了提案，也並不代表所有的提案都會被接受。在妳提案三次之後，如果對方還是沒有改變，不妨考慮一下變更提案內容，或是由妳稍微讓步。

如果妳因為「害怕被他討厭」而一個勁兒地忍耐，對兩人的關係只會造成反效果。妳還是下定決心儘早提案會比較好。

接下來要介紹的是最棘手的類型，也就是當妳被「他說不定有小三」這個不安吞噬的時候，應該如何傳達自己的感情。

當妳看了他的手機，懷疑他可能劈腿的時候，絕對不可以告訴他「我看了你的手機」。馬上丟出證據並不能讓妳們的關係持續下去。

如果妳想要維持和他之間的關係，首先要做的事情就和前述的例子一樣，朝著「希望他在兩人獨處時能更集中精神在自己身上」的方向，進行提案。

關於劈腿這件事，就算妳只是若無其事地進行「試探」，兩人的關係也會因此惡化。當妳覺得他似乎有小三的時候，妳必須裝作什麼也沒發現，繼續按照平常的步調和他出門約會。

畢竟他也是個男人，偶爾也會對其他女人感興趣。但是那只是單純對新的東西感到好奇，並不代表妳的魅力比其他女性差。妳只要靜靜地等待他對新事物的好奇心消失即可。

不過，為了不要讓他對其他女性過於痴狂，妳仍然要堅守可能會減少的兩人約會時間。

如此一來，他的劈腿就會以一時鬼迷心竅作結。妳若刻意去禁止，反而會促使他真的開始腳踏兩條船。

人一旦被禁止做某件事，被禁止的那件事的魅力就會增強，並大過它原本的價值，讓人忍不住就是想要去做。特別在談戀愛時，這種狀況稱為「**茱麗葉效應**」，越是禁止，愛意反而更是熊熊燃燒。所以妳根本沒必要自行把他「只是玩玩」的心態變認真。

如果妳能夠在掌握到劈腿的證據後裝出毫不知情的樣子，表示妳已經是個戀愛高手了。至此，不管什麼樣的男人到頭來都還是會回到妳的懷抱。一段時日之後，他就會覺得自己的劈腿行為有點愚蠢。請回想起第107頁的大原則「滿足他的男子氣概」。**裝作完全不知情，這就是成為一個不會被劈腿的女人的最大前提**。

最後順便告訴妳一件事：在這世界上沒有任何一個女性在看過對方的手機之後還是有辦法獲得幸福。如果想要和他一起獲得幸福，就不要看他的手機。這才是前往幸福人生的王道。

成為被人所愛的女性的必要條件「不使人厭惡的拒絕法」

最後為了所有內向的女性，我要來介紹巧妙地「拒絕」的說話術。

就算不是內向的人，要拒絕他人的要求同樣不是一件容易的事。心裡會因為有「要是我拒絕之後傷了那個人的心該怎麼辦」、「要是拒絕之後和他的關係出現裂痕要怎麼辦」、「他會不會再也不找我說話了」等想法出現，而變得充滿不安、畏縮不前。

我也經常在心理諮商時看到一些內向的女性，她們因為沒辦法開口拒絕，和男友之間的關係也因此漸漸變成「虛假的關係」。

當妳不幸陷入下列狀況時，妳會怎麼做？

■無法拒絕他突如其來的邀約，造成妳和友人的關係出現裂痕。

■妳還不想和他發生性關係，但是他卻想要。

■對方邀請妳一起去一些妳完全提不起興趣的活動（例如職業摔角比賽、賽車等）。

■對方希望能找妳借錢。

如同我們從第1章起就討論過的，人際關係間的權力平衡是決定於剛開始的階段。當妳一直勉強自己接受他的要求時，妳「正在勉強自己」的心情變化便無法傳達出去，對方只會接收到「她接受了我的要求」這個結果而已。最後，妳和他之間的權力結構就會變成他占優勢，而妳必須服從於他。

對於不想被人討厭的妳來說，「開口拒絕」可能是他人難以想像的恐怖體驗也說不定。因為妳認為要是拒絕之後被他討厭的話，自己就會變成一個「毫無價值的人」。不過請妳仔細想想。就算妳們硬是繼續交往，到頭來只不過是把「分手」──也就是「自己是毫無價值的人」的判決往後延遲一點點而已。

此外，千萬不要忘記那個判決結果根本就是假的。因為「被他討厭」這件事本來就不代表妳是個「毫無價值的人」，只代表妳和六千萬個日本男性當中的一個人沒有緣分而已，還有好幾千萬人可以代替他。

延後「判決」，使不安和恐懼大量滋生，最後，要是妳仍然繼續勉強自己，使得自己毫無價值的感覺持續擴大，最後妳只會受傷，這是可以預見的。明知如此，妳還是要繼續延後判決嗎？

與其延後判決，**還不如正式拒絕他，以建立起兩人之間對等的關係，這樣才能為妳自己加分。**

此外，要是妳一直不拒絕他「突如其來的邀約」，他就會把妳當成臨時約也約得出來的女性，或是他有空時就可以見面的女性，最後把妳歸類到「隨叫隨到的女性」去。

要是妳有辦法在這個狀況下拒絕他，他反而會好好地對待妳。同時他也會覺得妳是自己必須事先調整行程才能見到面的女性，並出現「自己也必須尊重對方的時間安排」的認知。最後他就會把妳視為「必須珍而重之的女性」。

比起隨叫隨到的女性，妳一定比較希望成為重要的存在。那麼，我們現在就來介紹「受人所愛的拒絕法則」。

其實，當妳想著「要怎麼樣才能在不引起不快的情況下拒絕他」的時候，腦中已經形成了上下關係，語言表現也因此變得卑微。所以，當妳想要拒絕他的時候，**腦中想的必須是「如果想讓拒絕這件事增進彼此之間的關係，應該怎麼開口比較好」**，這件事情可是相當重要。

因為當我們開始思考「不要引起不快」的時候，第一個出現的念頭其實是「使之不快」的拒絕方式。然後我們會以這個使之不快的拒絕方式為前提，尋找能夠抵銷它的拒絕法。

一般常見的方法是不直接拒絕，總之先答應他的邀約，等到兩人見面之後再裝出沒什麼興趣的樣子，讓他自己發現「今天約她出來可能有點不妙」。但是到最後，對方還是會因為妳的態度不自然而感到不愉快。

那麼，能夠增進兩人關係的拒絕方式到底是什麼樣子呢？

事實上，這是有公式可循的。

「道歉（表達感謝）＋說明（拒絕的理由）＋拒絕＋替代方案」

以剛剛「無法拒絕他突如其來的邀約」為例，套用公式內容得出的拒絕方法，會如同下列結果。

「謝謝你約我。可是很抱歉，一個月前我就已經和好久不見的大學同學約好今天要一起出去吃飯了，所以沒辦法和你見面。不過這個星期的星期四和星期日我都有空，不知道你的行程如何呢？」

首先對他邀請妳這件事表達感謝。接下來，儘管妳拒絕並沒有錯，但還是要刻意向他道歉。「感謝和道歉」一定要同時在一開始的時候說出來，表示妳尊重對方的心情。之後就要詳細說明妳拒絕的理由。正如同妳會害怕因為拒絕他而被他討厭，當他被妳拒絕的時候，同樣也會心想「可能被討厭了」、「我可能沒有男性魅力」而感到不安。因此妳絕對不可以模糊帶過拒絕的理由。

在戀愛中，常有女性把不明說拒絕的理由當成一個小手段，試圖帶給男方一種「沒辦法輕易約出來」的印象。但這樣只會造成反效果。

因為男方也同樣害怕被人拒絕。特別是最近的男性尤其纖細敏感，所以請務必讓自己具備明確說出拒絕理由的溫柔之心。**如果妳希望他能夠誠實愛妳，那麼妳也應該要對他誠實**。不高明的小心機，到頭來只會害到自己。

接下來進行下一個步驟。為了不要留下任何模糊地帶或交涉的餘地，在妳說完理由之後，必須再次明白地告訴他「今天不行」。但如果妳用「正式表態拒絕」作結的話，整個結束方式會顯得過於尖銳，所以要加上一個替代方案再結束這段對話。

最後還要利用他主動邀妳見面的這個機會，和他約好其他日期的約會。「今天不行。」「是嗎，真可惜。那就改天見吧。」妳難道不覺得這樣結束一段對話很可惜嗎？不管是多麼微小的機會都要記得好好掌握。

如上所示，想要拒絕自己沒有興趣的邀約，其實算是一件相當簡單的事。但是唯獨「拒絕性方面的關係」這件事比較私密敏感，也有較為困難的地方。因為這件事情事關「身為男人的面子」，所以必須慎選自己的措詞。

老實說，絕大多數的男性其實都只是「想做而已」。可能的話，他們比較想要可以不用多想直接做的女性，而不是女朋友這種費時費力的存在。相對於此，女性則認為「發生關係＝認真交往」。因為她們總覺得發生關係之後，對方應該就會真正認真地愛上自己。

但是，雖然確實有些人的關係是從肉體開始發展，但是僅有極少數。絕大部分以肉體開始的關係，最後都還是會僅止於肉體關係。如果妳為了得到他而勉強自己答應，最後受傷的人仍然會是妳。

請想出一個能夠保全他「身為男人的面子」，又能巧妙拒絕的方法。

如果對方是那種覺得「運氣好的話搞不好有機可乘」的男性，妳多少有點嚴詞拒絕也無妨。但是他也有可能是非常認真地向妳提出這個要求。

當他採取了非常認真的態度卻被拒絕的時候，他就會覺得妳未能了解他的「認真」、覺得自己並未獲得妳的信任，於是就會傷害到他的自尊心。我們必須重視男方面子的目的就是為了避免這些事情發生。

為了男方的面子，我們必須把拒絕的理由設定為「妳還沒有準備好」。

舉個例子，妳可以試著這樣告訴他：

「對不起。我知道你想讓我們之間更進一步進展到身體的關係。不過其實我對性這方面比較晚熟，而且我並不覺得一段感情的深淺和性關係成正比。另外，我想在還沒發生關係的情況下，再多了解你一點。今天真的還沒有辦法往前跨出那一步。如果你願意多等一會，等到我完全準備好的話，我會很開心的。」

只要像這樣大大方方地告訴他「妳對性關係的價值觀」即可。然後再逐步調適彼此的感情。

只因為妳拒絕發生性關係，便立刻轉頭就走的男性，說穿了也不過就是這點程度的男人而已。妳根本不需要為此覺得受到傷害。

從事女公關這份工作，總會馬上就接到發生肉體關係的要求。但是被逼迫發生肉體關係，就是自己作為女公關還不夠成熟的證據。因為這等於是在告訴妳，除了提供身體方面的享樂之外，妳沒有其他辦法可以取悅客人。

和男友之間的關係也是一樣。如果妳只能用身體來滿足他的話，那不是很悲哀嗎？建議妳還是不要貿然發生關係，盡量試著讓他注意到妳這個人本身的魅力，再堅持一陣子吧！

在彼此的羈絆與信賴極度深厚時才發生關係，如此一來，以身體與彼此溝通才會真正出現意義。所以在妳能夠更認真地面對這件事之後再進行即可。請捨棄那些想利用性關係來加深彼此的羈絆，或是讓自己和他的關係更加緊密的膚淺想法吧。

性行為對情侶來說是不可或缺的，但是如果不是為了感受到彼此珍惜對方的情感而做的話，就沒有任何意義。如果這麼做了，性關係就會變成單純滿足動物性需求的空虛行為。

為了跨越各式各樣的危機、讓他長長久久地愛著妳，建議妳在該拒絕的時候一定要開口拒絕，以建立起一段認真的感情所需的基礎。

「懂得拒絕的女性才會被愛」，其實道理就在此。

後記

寫作這本書的同時，我再次深入思考了人與人之間的關係。

在本書即將結束之時，我希望能夠告訴一直閱讀到這裡的妳，如何簡單克服自己的內向的方法。

過去，我曾經因為內臟方面的疾病在鬼門關前徘徊。自從那次經驗之後，我在人際關係當中變得尤其注重其中一件事。

我尤其注重的就是離別時的措詞、態度與心情。我總是帶著微笑和對方道別。

不管之前吵架吵得多麼兇、不管自己有多火大，一旦碰上必須說出「再見、改天見」的時候，我一定會拿出我心中最高等級的愛意與笑容，以無比珍惜對方的心情與對方道別。

說起來可能有點怪，不過我個人認為，並沒有任何東西可以保證連同我自己在內的所有人，在下一秒鐘都能平安健康地活著。

如果妳可能再也見不到眼前這個人，那麼妳會怎麼對待他？只要妳心裡能這麼想，也就能夠自然而然地用無法以言語表達的重視之情，來珍惜眼前這個和自己有關係的人。

當然我也曾經碰過自己秉持的是誠實交流的心態，但後來才發現對方卻不然的意外狀況。另外也曾遇過突如其來的離別。

儘管這些狀況的確讓人心情低落，但是我並不會因此而內心受創。只要我一直都是以誠實的心面對他人，這樣就夠了。老天爺一定在天空上看著我們的一舉一動。到最後我的心情都是如此清爽無負擔。

我並沒有信仰特定的宗教，不過我從小時候起便會一邊眺望著天空，一邊和星星、雲朵、太陽、月亮說話。

現在我也還是會偶爾朝著天空說話。結果我突然發現，自己朝著天空說話的舉動，其實是對著那些再也見不到面的人說話。

雖然在現實生活當中再也無法交談，但是透過這片天空，我和那些人仍然得以連繫在一起；而我也認為，所有的人類其實都聯繫在一起。

語言能讓世界變得更加遼闊。為了使語言得以表現出妳思念著他的美好心意，請一定要試著珍惜他。妳越是珍惜他，就越能深入了解他，如此一來妳們自然能夠開心地談天說地。

請不要杞人憂天、不要妄自菲薄，珍惜自己和眼前這個人在一起的每一個瞬間，謹慎地使用妳的話語，度過接下來的人生。

非常感謝妳讀到最後。如果還有機會再見就太好了！

最後的最後，希望能在此表達我的謝意。我與天空要同時獻上我們所有的感謝，給讓我有機會寫出這本書的廣濟堂出版的伊藤先生。

水希

國家圖書館出版品預行編目資料

女神說話課：展現自我價值，讓你大受歡迎的溝通技巧（愛藏版）/ 水希著；江宓蓁譯.-- 二版. -- 新北市：智富出版有限公司, 2023.07
面； 公分. --（風向；113）

ISBN 978-986-99133-9-3（平裝）

1.CST: 溝通技巧 2.CST: 人際關係

177.1 112005855

風向 113

女神說話課：展現自我價值，讓你大受歡迎的溝通技巧【愛藏版】

作 者／水希
譯 者／江宓蓁
主 編／楊鈺儀
責任編輯／李芸
封面設計／ Lee
出 版 者／智富出版有限公司 單次郵購總金額未滿 500 元（含），請加 80 元掛號費
地 址／（231）新北市新店區民生路 19 號 5 樓
電 話／（02）2218-3277
傳 真／（02）2218-3239（訂書專線）
劃撥帳號／ 19816716
戶 名／智富出版有限公司
世茂網站／ www.coolbooks.com.tw
排版製版／辰皓國際出版製作有限公司
印 刷／世和彩色印刷股份有限公司
二版一刷／ 2023 年 7 月

I S B N ／ 978-986-99133-9-3
定 價／ 380 元

KARE NO KOKORO WO UGOKASU “HANASHI KATA”
MOTO GINZA NO.1 HOSTESS NO SHINRI COUNSELOR GA OSHIERU
“HTSUMARANAI ONNA” KARA SOTSUGYO DEKIRU KAIWAJYUTSU

黏貼處

電話：(02) 22183277
傳真：(02) 22187539

世茂好書・豐富心靈

世潮精典・智慧同行

廣告回函

北區郵政管理局登記證

北台字第 9 7 0 2 號

免貼郵票

231新北市新店區民生路19號5樓

世茂
世潮 出版有限公司 收
智富

黏貼處

請沿虛線剪下裝訂寄回，謝謝！

讀者回函卡

感謝您購買本書，為了提供您更好的服務，歡迎填妥以下資料並寄回，我們將定期寄給您最新書訊、優惠通知及活動消息。當然您也可以E-mail：Service@coolbooks.com.tw，提供我們寶貴的建議。

您的資料（請以正楷填寫清楚）

購買書名：________________________________

姓名：________________ 生日：______ 年 ____ 月 ____ 日

性別：□男 □女　E-mail：________________________

住址：□□□ ______ 縣市 __________ 鄉鎮市區 __________ 路街

______ 段 ______ 巷 ______ 弄 ______ 號 ______ 樓

聯絡電話：________________________

職業：□傳播 □資訊 □商 □工 □軍公教 □學生 □其他：______

學歷：□碩士以上 □大學 □專科 □高中 □國中以下

購買地點：□書店 □網路書店 □便利商店 □量販店 □其他：______

購買此書原因：___ ___ ___ ___ ___ ___（請按優先順序填寫）

1封面設計　2價格　3內容　4親友介紹　5廣告宣傳　6其他：______

本書評價：____ 封面設計 1非常滿意 2滿意 3普通 4應改進

____ 內　　容 1非常滿意 2滿意 3普通 4應改進

____ 編　　輯 1非常滿意 2滿意 3普通 4應改進

____ 校　　對 1非常滿意 2滿意 3普通 4應改進

____ 定　　價 1非常滿意 2滿意 3普通 4應改進

給我們的建議：- -

- -

- -